中外巨人传

骆 宾 王

刘 畅 著

辽海出版社

图书在版编目（CIP）数据

骆宾王 / 刘畅 著. —沈阳：辽海出版社，2014.8
（中外巨人传）
ISBN 978-7-5451-3028-7

Ⅰ．①骆…　Ⅱ．①刘…　Ⅲ．①骆宾王（约 626 或 627～684 后）
—传记　Ⅳ．①K825.6

中国版本图书馆 CIP 数据核字（2014）第 167235 号

责任编辑：柳海松
责任校对：顾　季
装帧设计：马寄萍

出 版 者：辽海出版社
地　　址：沈阳市和平区十一纬路 25 号
邮　　编：110003
电　　话：024-23284473
E-mail:dyh550912@163.com
印 刷 者：天津海德伟业印务有限公司
发 行 者：辽海出版社

幅面尺寸：165mm×230mm
印　张：10.5
字　数：110 千字

出版时间：2016 年 5 月第 1 版
印刷时间：2019 年 1 月第 2 次印刷
定　价：25.00 元

⦿ 目　录 ⦿

前　言

　　唐代是中国历史上一个重要的朝代，是公认的中国最强盛的时代之一，与此同时，唐代也是中国历史上出现名人最多的时代之一。初唐时期，最能崭露头角的当为以王勃、杨炯、卢照邻、骆宾王四人为代表的"初唐四杰"。众所周知，在经历了隋末农民战争之后，初唐正处在一个崭新的社会变革时期，许多新的制度、法规，甚至是政权格局都在这个时候得以确立，因此无论是在政坛还是文坛，此时都活跃着一批有着宏伟志向，想要大展宏图的志士，而骆宾王正是诞生在这样一个积极奋进的大社会背景之下。提到初唐，我们就不得不提到骆宾王，他能够在浩如烟海的文人志士中脱颖而出，并与王、杨、卢等被后世称为"初唐四杰"，可见其影响力之大。骆宾王的一生又是充满了坎坷的，跟其他"三杰"的人生经历一样，"他们都年少而才高，官小而名大，行为都相当浪漫，遭遇尤为悲惨"，在"四杰"中，骆宾王的年纪最长，其经历也最为复杂。

　　骆宾王自幼家境贫寒，父亲英年早逝，一家人只能寄居他乡。迫于生计，他不得不外出求仕，可几次做官，都只是很小的职位，踌躇满志却大材小用。骆宾王初次做官，是为道王李元庆府属，后来罢官，过了一段闲居的生活，之后再度入朝，不久又被停职，接着从军西征来到边塞，在姚州平定叛乱，直到再回京师，仍然没有得到晋升。骆宾王曾几次上书裴行俭，希望能得到提拔，在其人生后半段终于被委任侍御史，可是不到半年的时间，却因屡进忠言而遭到诬告，被贬官入狱，可以说遍尝人间冷暖，晚年的骆宾王最终罢临海丞。此时正值武则天执政，朝廷内外多有不满情绪，骆宾王也对于武则天政权的统治彻底失望，因此毅然决然地走向武装反抗之路，参与徐敬业等人在扬州的起义，并起草一篇名闻天下的讨伐武则天的檄文，至此可谓是到达其传奇人生的至高点。起义失败后的不知所踪更是使其身世蒙上了神秘传奇的色彩，后世对于他的行踪更是说法不一，直到今天也依然是个谜。

骆宾王的一生，在诗文创作方面同样取得了重大的成就。相信只要提到骆宾王的诗，大家都会首先想到《咏鹅》，这首诗作于骆宾王七岁之时，他也因此在当时被誉为神童，如今这首诗更是千古流传，不到七岁的小孩子都可以倒背如流。骆宾王七岁的《咏鹅》诗，闲居齐、鲁时写下的大量隐逸诗，西域从军路上写的边塞诗，回长安后创作的被称为绝唱的《帝京篇》等长篇歌行，以及被诬告入狱奋笔而书的《在狱咏蝉》等明志之作，无不令人称绝且流传万古。在初唐诗歌理论的贡献上，骆宾王同"四杰"共同为初唐文坛开创了全新的创作理念风格，他们总结了齐梁时期宫体诗歌创作之弊端，扭转了萎靡浮华的宫廷诗歌风气，使诗歌题材从亭台楼阁、风花雪月的狭小邻域扩展到江河山川、边塞江漠的辽阔空间。特别是骆宾王在出征西域时所创作的一大批边塞诗歌，更是开创了唐初边塞诗的新风尚，因此，骆宾王和其他"三杰"在初唐文坛新旧过渡时期起到非常重要的作用。

而提到文，"四杰"的齐名，最主要就是针对骈文和赋而言。骆宾王参与徐敬业扬州起兵时曾起草过一篇《讨武氏檄文》，此文一出，就连武则天都不得不大加称赞，并在京城之内广为传颂，后世将这一篇《讨武氏檄文》与王勃的《滕王阁序》共同称为中国骈文史上的双璧。骆宾王的骈文创作历来为人所称赞，而且每一时期的创作更是一浪高似一浪。在唐初人才济济的文坛上，他技压群芳，稳居盟主的地位，成为"初唐四杰"之一，可以说是无可争议的。

骆宾王同其他"三杰"的另一共同点，我们刚才也已经提到过，那就是官小，而对于其官小的原因，除了跟当时的政治环境有关之外，另一个非常重要的内在因素就是其性格使然。骆宾王自幼便接受传统儒家思想的教育，为人正直朴实，有能力有才华却从不邀功行赏。李元吉曾称赞他的才华，并希望他作文章陈述自己的能力，但骆宾王却写了《自叙状》，表明了自己绝不自夸炫耀才能的立场，同时还讽刺了那些靠"自媒"骗取官位的人，因此最终也没有得到晋升。此外，骆宾王一心遵从孝道，为了照顾老母亲而辞官不就，为此也错失了裴行俭提拔他的良机，但他的内心却十分坦然。骆宾王的性格当中，最突出的一点便是尚侠义、不与人同流合污，并且富有反抗与冒险精神，对于正义之事，他喜欢替人打抱不平，这也是为什么他会替徐敬业草拟讨伐武则天的檄文之原因。总之，性格决定命运，骆宾王的性格决定了他一生的坎坷命运，同样也为他的人生划上了最富有传奇色彩的一笔。

骆宾王虽为初唐时期一位杰出的时代巨星，但他生活的年代距今已有一千三百多年，关于他的生平资料保存得不是很完整和详细。在正史新、旧《唐书》中虽有关于他的记载，但篇幅也不是很多，其余则多是散见于其他有关记录唐人的著述当中。而在其诗文创作方面，留存的作品也不多，唐中宗复位以后，才开始广为搜集骆文，当时郗云卿辑《骆宾王文集》十卷，可惜后来在辗转流传过程中，已经散佚。明、清两朝又间或有人重新辑佚，以清人陈熙晋《骆临海集笺注》最为完备，后人所用多是此版本。

基于以上种种原因，相比于其他唐代著名文人来说，前人对于骆宾王的全面性研究还不是很多，尤其是为其专门作传则更是少中又少。但是作为"初唐四杰"之一的骆宾王，虽然不是什么官及将相的政坛领军人物，也不及李白、杜甫等文坛巨星那样闪耀夺目，但他一生品性刚直，又多经磨难，在初唐风雨激荡的年代里，表现出了卓越的个性与才华，对后世也有深远影响。因此，我们想通过为骆宾王立传，将其一生的经历与其璀璨的作品互为编织，深入发掘其被称之为"杰"的原因，通过评述、剖析骆宾王的一生，使更多的人有兴趣了解一个形象饱满鲜活的骆宾王，并从中学习其美好的品格和不可多得的才情。我们相信这种通过阅读历史名人辉煌经历来丰富人生经验的方式，同样也能对今天的生活、工作、学习产生重要的共鸣和影响。因此，今天我们将带着崇敬与好奇的目光，翻阅历史，重新去了解这位高呼"一抔之土未干，六尺之孤安在"的历史名人。

一、家世背景与童年经历

在中国历史上东南沿海的吴越，有一片肥沃的土地，秦朝时期，这片土地即被定名为乌伤县。到了唐武德七年（624 年），更名为义乌，其后一直沿用至今。在这片山川秀美、人杰地灵的土地上，勤劳的义乌人民，世世代代在此繁衍生息，辛勤劳作。据史料记载，义乌城迄今已有两千两百多年历史，而在历史漫长的岁月中，从这里也走出了一批又一批义乌名人，而被誉为"初唐四杰"之一的骆宾王可谓是群星之中最闪耀的一颗。

1. 世代缙缨，书香门第

据《骆氏宗谱》记载，骆家本是炎帝之后，姜姓。到了周代，太公望有公子名为骆谷，所以以骆为姓。东汉建初时，当时的尚书郎骆雍临与权要不合，避遁到义乌，至此，成为义乌骆姓始祖。从骆雍临下传到第六代，为骆统。骆统是三国时期的一位名将，父亲骆俊，官至陈相，平日里治军严明，精通文武，为人正直，因此骆统从小就受到父亲的影响，很早便学会自立。建安二年（197 年），由于战事连年，全国范围内都出现严重大旱灾、大饥荒，袁术部队为粮草所困，就派人向骆俊去借粮，而骆俊嫌其不立政德，居心叵测，因此没有答应袁术恼羞成怒，遂派人把骆俊暗杀了，从此骆统和母亲便过上了孤儿寡母的生活。直到建安五年（200年）骆统的母亲改嫁给华歆，做了妾室，而骆统个性极强，不愿意甘受寄人篱下的生活，一心想要离开继父，于是在众亲戚的帮助之下辗转回到了乌伤县老家，并在城西北的绣湖之滨定居下来，结婚生子。而当骆统去世之后，他的三个儿子分家时，与骆统有着同样独立个性的长子骆秀，决定放弃自己那一部分，将房子分给两个弟弟，于是自己独自一人在隔湖相对的地方选了一处土壤肥沃的田地，建起了一片房屋。随着时光的流逝，骆氏子孙在这里繁衍生息，于是新的骆氏宗族逐渐发展起来，因此，长期下来，这里便成了义乌骆氏宗族的"心脏"。

到了隋朝末年，骆氏家族已经逐渐发展壮大，成为了当时义乌最早的大家族之一。此时已经是第二十代嫡孙的骆卫淇成了这里的领袖人物，而他正是骆宾王的祖父。据史料记载，骆卫淇，字武成，号雪庄，是一位颇有才学、武艺精湛、为人刚正不阿的君子，时为随右军长史，居留于长安。他有三个儿子一个女儿，长子骆履元，即骆宾王之父，二子履端，善习武艺，女儿坤元，三子履正，此时均尚未成年。骆卫淇身居要职，事业顺利，膝下又有儿有女，骆氏一家的生活可谓幸福美满。

骆氏家族世代书香，自东汉时起，就都以学业相承。卫淇公的长子骆履元更是博学多才，经、书、子、史，无不精通，于学于德都令人称绝。隋朝末年，骆履元刚刚过了弱冠之年，即将迎来他人生当中的一件大事，那就是结婚。骆履元的妻子乃是数年之前，在父母的安排之下就已经订了婚的刘氏。骆、刘两家原是故交，因此在此之前，骆履元便与这位刘家小姐有过接触。骆公子品行端正，才思敏捷，刘家小姐温柔可人，贤惠质朴，一来二往，两人互为对方所吸引，早已经为彼此心仪对象。而在隋末非常时期，战事连年，刘家所居住的扬州城正是军情最危急的地区，骆、刘两家都深念此事，所以经过商议，挑选良辰吉日，为两人操办了一场风风光光的婚礼，有情人终成眷属。长子完婚，骆卫淇也终于了却了心中一桩大事。婚后刘氏通情达理，贤惠可嘉，深受骆卫淇夫妇的喜爱，真可谓是才子配佳人。而在骆宾王一生所作的诗文当中，更是屡次提到这位贤良淑惠的母亲，可见刘氏对骆宾王一生都有着极其重要的影响。

　　骆氏一家其乐融融，而另一方面与这安静祥和相对的却是隋朝末年政治上的风起云涌。此时的隋炀帝暴虐无道，连年大兴土木，繁重的徭役、兵役使得田地荒芜，再加上朝廷政治腐败，民不聊生，饱受苦难的百姓们终于无法忍受这样的生灵涂炭。于是民众纷纷揭竿而起，先后在全国各地兴起的起义军大小不下一百支，参加的人数达数百万。最终，这些小的农民起义军汇成三支强大的反隋队伍：一支是河南的瓦岗军，一支是河北的窦建德军，一支是江淮地区的杜伏威军，其中最大的便是瓦岗军。这支队伍于大业七年（611 年），由翟让带领民众，在瓦岗寨起义，各地纷纷响应，其中山东、河南两地农民最多，瓦岗军人多势众，直攻隋朝重要军事要地荥阳，因此隋炀帝不得不调动各地士兵队伍前去抵抗。

　　骆履元夫妇刚结婚不久，身在军中的父亲骆卫淇便被调赴山东，镇压在那里起义的瓦岗军。瓦岗军来势凶猛，已经成为在山东一支相当大的势力，事发突然，但朝廷下旨，军令如山，骆卫淇不得不马上准备离开长安。好在他是个很精明有远见的人，知道隋朝将不久于世，这一天迟早会到来，于是早有准备，想办法确保家人的安全。卫淇公决定将家人送回乌伤定居，那里处于南方地带，战乱相对较少，这样一来既可以免受战乱之苦，又可以使家业得到保全。骆氏一家连夜商定过后，全家人兵分两路，卫淇公独身奔赴前线，其余家眷在骆履元的带领下撤离长安。这期间，一家人为了避免与起义军交汇，只能走偏僻之路，甚至只能赶夜路，可谓饱经风霜。历经数月，日夜兼程，终于到达乌伤，一家人不禁感慨万千。

到达乌伤老家后，骆履元带领大家经过一番布置之后，终于安顿了下来，度过了一段相对平和的日子。当一切都看起来井井有条的时候，骆母却并不安心，骆卫淇在外征战多年，一直杳无音讯。自从骆卫淇离开长安以后，农民起义已经在全国蔓延，大业十二年（616年），瓦岗起义军在李密的领导下，攻占了隋朝的军事要地荥阳，因此声威大震，控制了河南大部分郡县。与此同时，盘踞在山东的瓦岗军势力依然强大，骆卫淇所带领的军队一路上历尽艰辛，经历了十几次与义军的交锋，死伤惨重。另一方面，以窦建德为首领的河北起义军声势浩大，薛世雄所率领的主力部队原应在规定时间支援骆卫淇，结果却在河间遭到河北起义军七千余人的阻击，几乎全军覆没。深入山东的隋军成了孤军，骆卫淇只能带领将士在隐蔽之处先驻扎下来，坚守不战。此时隋炀帝却仍然执迷不悟，命令在郡县城郭、驿站、村庄的周围修筑城堡，强迫农民到城堡里居住，以隔断义军与民众的联系，并对起义军和一般农民进行了疯狂的大屠杀。每天面对着"白骨露於野，千里无鸡鸣"的悲惨景象，卫淇公深知隋业复兴已经无望，他痛恨隋炀帝的暴虐无道，但由于从小就受传统的忠君思想束缚，他始终不能投靠叛军，于是只得坚守。这一来就是一年多的光景，直到各路起义军都纷纷调兵攻占东都洛阳，山东这边才相对冷清了。

　　隋朝统治摇摇欲坠，此时许多地方官吏豪强也乘势起兵反隋，纷纷割据一方。大业十三年（617年）五月，隋太原留守李渊也从太原起兵，七月，趁隋军与瓦岗军大战之机，进入关中夺占长安。次年三月，叛军宇文化及等发动兵变，在江都缢弑隋炀帝，隋朝灭亡。此时的骆卫淇已经驻军安德差不多两年，得知隋朝已经灭亡，打算带领部队北上，结果在途中又遭遇到了窦建德主力，几经辗转，骆卫淇和几名部下才得以脱身，一路疾驰渡江，终于回到故里乌伤。老爷归来，一家人得以团圆，在这动荡的混战之后能得以脱身，真可谓大难不死，必有后福。虽然丢弃了官职，可家中的一切却都井井有条，骆履元身为长子，一直主持家业，家里的大小事宜都由他来掌管，十分妥当。骆履元妻子刘氏如今也有了身孕，骆氏一家对她都照顾有加，他们无论如何都想不到，此时刘氏竟孕育着日后的一位时代巨人。

2. 天时地利，巨星诞生

　　在一个平凡的早晨，怀胎十月的刘氏，忽觉腹部阵痛，骆履元便知好事将至，骆氏全家上下里里外外忙碌起来，紧张却不失条理，骆履元此时更是坐立不安，在堂前来回踱步。终于一声洪亮地啼叫，紧接着"接生母"满脸笑容道喜："是位公子！"堂内众亲听到这个好消息都不由得站起身来欢呼雀跃。于是，在大家的祝福和欢呼声中，一位日后的杰出巨星诞生了！

　　骆宾王的字、号在新、旧《唐书》本传中都没有明确的记载，

《金华府志》《义乌县志》以及义乌《骆氏宗谱》中所收录的众多明、清人撰写的骆宾王传记、碑文等中，均称"骆宾王，'字观光'"。那么现在我们来看看关于骆宾王的名字的来历。

都说人如其名，名字从某种程度上来说能够预示一个人一生的命运，同样也是人生的一面镜子。因此骆家人在为这刚出生的小家伙取名字的时候，也就格外慎重。前面我们提到过，骆氏家族世代书香，可即使是才识渊博的骆卫淇在对于孙子名字问题上也是同骆履元翻阅了各处典籍，不敢轻易地信手捏来，二人的想法很一致，都是力求一个文雅而又能立志高远的响亮名字。传统的儒家思想对于骆氏父子可谓根深蒂固，因此他们为小家伙取名字，也离不开忠义仁爱的范畴，这种仁义道德的思想运用在对国家的态度上就是忠君爱国，所谓"君使臣以礼，臣事君以忠"，骆卫淇认为，为孙儿起名更应致力于忠君爱国的思想上。

《易经》可以说是我国最古老的哲学典籍，用言简意赅的语言去阐述宇宙、自然、人生的哲学内涵，其中所运用的天干地支五行论，在当时更是能精准地预测出万事万物的未来指向，因此当骆家父子翻阅到这本书时格外仔细。《周易·观·六四》有言："观国之光，利用宾于王。"意思是，要认真考察国家的风土民情，了解大众的疾苦，并以此为准绳，更好地辅佐君王。父子二人翻阅到此颇为惊喜，他们正是期望着小生命长大成人以后能够一心为国为民，建功立业造福百姓，所以经过一番推敲，两人最终决定以"宾王"为名，以"观光"为字。这也正和骆氏世代缙缨传家结合起来，使得骆氏家族的传统继续发扬光大，于是，这个声动千古的名字，就这样流传至今。

说完名字，我们再来看看关于骆宾王的生年问题。历史上，骆宾王晚年参与扬州起事，反对武则天政权，被诬称为天下"逆魁"，因而史书对其记载历来十分简略，且语焉不详，关于他的身世诸如生年、卒年以及一生经历等更是留下了许多疑缺。关于骆宾王诞生的具体年份，一直以来都是学术关注的热点，在这里，我们也不得不多做一些解释。

　　关于骆宾王的生年，历来说法不一，其中比较流行的几种说法，首先是闻一多先生在《唐诗大系》中提出的 640 年说，其立论的依据是认为"初唐四杰"之间有平均十岁左右的差别。卢照邻和宋之问的父亲宋令文是同辈，而杨炯又和宋之问同辈，这样卢照邻和杨炯就成了两辈人。杨炯和王勃同年，都生于公元 650 年，于是他推断骆宾王当生于 640 年。闻一多先生的意见在 20 世纪 80 年代曾一度得到学界的普遍认可。随后刘开扬先生在《初唐四杰及其诗》中又提出了 638 年说，这在当时也很有影响力。其他如李障天先生则认为"骆宾王的生年是贞观五年（631 年），或不晚于这一年"、杨恩成先生在《骆宾王生平考辨》中提出 623 年说、身为义乌骆氏宗族后人的骆祥发先生更是以自己所掌握的大量论据推证出骆宾王的生年为唐武德二年（619 年）等等。其中，傅璇琮先生在 20 世纪 80 年代也根据骆宾王《上司列太常伯启》、《上吏部侍郎（帝京篇）启》《咏怀古意上裴侍郎》三首有相对明确年岁的诗文推算，认为骆宾王生年"当为 630 年或稍前"的结论，而在最新出版的《新编唐五代文学编年史》中，认为骆宾王大略生于唐武德六年（623 年），这一推论与杨恩成先生观点一致。

　　闻一多先生的 640 年说一经提出，就得到了学界的普遍认可，但这种对骆宾王生年的论断，仅是估计而已，并无充分的材料作为依据，而且我们在翻阅骆宾王的诗作时会发现，他在名作《在狱咏蝉》中说："那堪玄鬓影，来对白头吟"，在《萤火赋序》中也提到："绨袍匪旧，白首如新。"这两部作品都是骆宾王任侍御史时，遭诬陷栽赃获罪下狱后所作，时间应在永隆元年（680年）左右，而行文当中屡次提到"白发"，意在称自己年岁已高，据而推测此时骆宾王的年纪应在五十岁之上。这样一来，若说骆宾王生于640年，则永隆元年时候他应刚过四十，在自己不惑之年就屡次提到年老白发，是解释不通的。因此随着对骆宾王研究的逐渐深入，在我们今天看来，只这一条，就有理由怀疑闻一多先生提出的"640年说"。而刘开扬先生的"638年说"，据上面所提的论据来讲，也不甚可信了。

骆宾王有一首诗《咏怀古意上裴侍郎》据考证应作于骆宾王出征边塞之前，也就是约670年，其中有两句"三十二馀罢，鬓是潘安仁。四十九仍入，年非朱买臣"，这里运用了潘岳潘安仁在《秋兴赋》中说的"余春秋三十有二，始见二毛"的典故，点出自己在三十二岁罢职，两鬓也如潘安仁一样长出白发。而后一句"四十九仍入，年非朱买臣"则是说自己四十九岁出军西征，与朱买臣五十岁出仕年龄相异。如果说670年的时候，骆宾王正是四十九岁，那么三十二岁时也就是654年，也正是骆宾王第一次罢道王府属的时间。这首诗可以说是骆宾王唯一一次相对明确地提出自己年纪问题的证据，因此由654年三十二岁，便可以推出，骆宾王生年约为623年。傅璇琮先生在《新编唐五代文学编年史》中便是以此诗作为最佳佐证，来印证其生年的，因此我们这里提到的关于骆宾王的生年就参照此种说法，即唐武德六年（623年）。

骆宾王出生的年代，正值大唐王朝建立初期，基本完成了国家的统一，正所谓"政通人和，百废待兴"。自江南一带归属大唐王朝之后，许多地区都重新做了治理，行政区划也有了新的改动，其中，东阳郡改名为婺州，乌伤县正式改名为"义乌"。各地新的制度逐渐重新建立，正广招人马，开拓正业，此时的骆卫淇回到乌伤赋闲在家已经有三四年光景，众人推举骆卫淇作为当地的主事，但卫淇公以年老体弱婉拒。相较于功名利禄而言，此时的归隐安居，亲近自然才是骆卫淇更高的理想追求。而当时骆履元的野心也不只系于小小的义乌县内，他一心想出仕于京城，于是一直在家读书，以待佳期。童年的骆宾王，正是因为有着祖父和父亲两代饱学多才的名士陪伴和培养，很早便显示出了卓尔不群的天赋。

3. 七岁咏鹅，神童美誉

骆宾王小时十分聪明伶俐，活泼可爱，深得祖父和父亲的喜爱。甚好诗文的骆氏父子，在启蒙教育阶段，就让骆宾王背诵了大量的先秦、魏晋的诗歌，骆家堂内经常可以听到咿咿呀呀地朗读之声。而身为儒家思想的继承者，他们更是将《论语》作为启蒙的重中之重，因此刚刚学会说话的骆宾王就已经早早受到思想和文学上的熏陶。世代为国效忠的骆卫淇十分注重对孩子的人格培养，常常挑选古往今来忠君爱国的伟人事迹讲给骆宾王听。有一天，讲到屈原投江自尽以表忠心的时候，小宾王不禁落泪，祖父问他为什么会哭，他一边擦着眼泪一边说，觉得屈原这样尽忠心于楚怀王，却反遭到楚怀王的猜疑，最后投河自尽，实在是太可怜了。骆卫淇笑着把骆宾王拉在身边，说："古往今来，舍生取义者从来都不会自怜，因为他们心中有坚定的信念，所以要相信他们的行为始终都无愧于心！"骆宾王似懂非懂地点点头，然后对祖父说，以后一定要做像屈原那样一心为国为君的大人物！骆卫淇听后欣慰不已。不仅如此，骆宾王还很喜欢听祖父讲起从前带兵打仗时候的故事，因此骆卫淇经常会讲起从前在铁血沙场上的那些惊心动魄的战事，讲述军中战士不顾个人安危，身体力行地实践为国家的兴亡而不惜牺牲生命的美好品德，以及将士们忠君报国的伟大志向。正是这些耳濡目染，使骆宾王从小便树立了远大的爱国之志，而这，不也正符合了祖父两人为他起名字的初衷么？

六岁时的骆宾王已经能熟练地背诵出《诗经》《论语》《孟子》等儒家经典篇目。母亲刘氏知书达理，具有良好的文化素养，除了骆氏父子之外，她也时常督促骆宾王的学习，这样一来，骆宾王在同龄的孩子中已经很有优势。他不仅能读能背，而且还能讲出大概的道理，令人称赞。与此同时，骆氏一家还有意识地培养骆宾王作诗作文的能力，有时候，他会脱口而出一些奇思妙句，让大家都为之惊叹。

看到孙子能这样天资聪慧，骆卫淇感到大为欣慰，有时也不免要对人炫耀一番。在骆宾王七岁那年，一日家中来了位骆卫淇早年的好朋友。久别重逢，大家一边开怀畅饮，一边叙旧聊天，最后骆卫淇把话题落到了自己的孙子身上。提起孙子的聪慧敏捷，骆卫淇眉飞色舞，露出一脸自豪的神情，而那位年岁已高的老翁却怎么也不信这区区七岁小儿竟能通晓古今，不但能背诵美文，还能作诗句。于是酒酣之余，大家来到屋舍外面吹风醒酒，骆卫淇提议到远处的绣川湖滨游览，小骆宾王也蹦蹦哒哒地一同前往。正当三人走到池塘边的时候，忽然看到水中的一群白鹅，正慢慢地从水面划过，他们一边戏水，一边引吭高歌，甚是好看。客人见状，便灵机一动，想要有意为难七岁的骆宾王。他把骆宾王拉到身边，指着那群鹅说："你爷爷夸你聪明伶俐，那你能不能把这眼前白鹅戏水的情景作成一首诗呢？"

客人的有意刁难，让骆卫淇心里不由得有些紧张，生怕显摆不成还丢了人。可是小小的骆宾王却面不改色，慢慢地走到池塘边，静静地站立了一会儿，眼睛注视着塘中那群戏水的白鹅，口中娓娓道来：

鹅，鹅，鹅，
曲项向天歌，
白毛浮绿水，
红掌拨清波。

骆宾王吟诵完毕，那位客人和祖父骆卫淇两人全都惊呆了，骆卫淇知道平日里孙儿有时会吟出一些佳句，但是能完全独立作诗，却是头一次，这让骆卫淇大为惊喜。而那位不服气的客人，此时也是不得不佩服，对骆宾王赞不绝口，更直呼他"神童"。

骆卫淇不会想到，《咏鹅》这首诗，作为骆宾王七岁时的处女作，被千古传诵，直至今日，仍然被许多启蒙课本、教材引用作为重点篇目。全诗虽然没有什么深刻的思想内涵和哲理，但却以孩童的口吻和视角，以天真纯朴的语言，写出了白鹅戏水的生动传神。开头的三个字"鹅、鹅、鹅"开门见山地指出所咏之物，短促而有力，又仿佛是白鹅由远处的水面那端向近处游时逐渐明朗的鸣叫声，清新而活泼。第二句又十分形象地描绘出白鹅引吭高歌的得意神态，鹅的"高歌"与鸡鸣不同，鸡的脖子短，叫时则是伸着脖子长鸣，而鹅的脖子却很长，而且是弯着脖子鸣叫，因此，"曲颈"二字用得十分精确。再看第三、四句，写白鹅在水中嬉戏情景时已经不自觉地运用到了对偶手法，"白毛"、"红掌"、"绿水"、"清波"，这无疑体现出了孩子眼中鲜艳的色彩感和细微入神的观察力。而"浮"、"拨"两个动词更是将白鹅游水嬉戏之姿态表达得淋漓尽致。这么小的年纪就能写出这样清新活泼、朗朗上口的诗句，无论是在当时还是现在来讲都堪称一绝。

不久之后，在乡里乡亲之间，这首《咏鹅》便传开来，许多家长以此来教育自己的孩子，再加上那天的客人回到自己乡里一番夸赞，大力鼓吹，当地儿童几乎无人不会背诵。新上任的县令，更是找来当地负责教化的官员，把这首《咏鹅》诗镌刻在县衙前的照壁上，使得乡里乡亲和外来的宾朋都能看到。没过半年，这首诗就在江南大地传播开来，因此骆宾王"神童"的美誉从此更名副其实。

尽管如此，骆宾王并没有显现出骄傲自满，这小小的成就反而使他更加喜欢文学，喜欢诗歌，于是在此之后，骆宾王在祖父的教导之下，更进一步系统地学习儒家经典，并练习简单的诗文创作，这为他今后文学创作方面打下了非常坚实的基础。所谓"识洞于未萌，智表于先见，心计足以成务，口辨足以解纷"，骆宾王同中国古代所流传的众多"神童"故事中的小主角一样，在垂髫之年就已经表现出了卓尔不群的一面，实在令人称叹。

4. 就学博昌，名闻齐鲁

在小骆宾王苗壮成长的同时，刘氏已经再次怀孕，并且又生下一个儿子，取名从王，字观义，家里生活有条不紊。而此时长

安城内外正招贤纳士，承揽复兴大业，骆履元一直心系长安，渴望来到京师，成就一番事业。如今国家刚刚稳定，正处于建设阶段，骆履元想此时入京必定大有作为。眼看成就大业的时机已到，在父亲和妻子的鼓励之下，他做好周详的计划，安顿好家人和孩子，毅然决然地离开了故乡，怀揣着为国效力的梦想出发了，辗转到了长安城。

　　从唐代逐步完善的科举考试制度来讲，要想为官从政，就必先经过考试，考试的科目分常科和制科两类，每年分期举行的称常科，由皇帝下诏临时举行的称制科。常科的考生有两个来源，一个是生徒，一个是乡贡。由京师及州县学馆出身，逐级考试后经选拔送往尚书省受试者叫生徒；不由学馆而先经州县考试，及第后再送尚书省应试者叫乡贡。经选拔后，这些考生每年末汇总到尚书省，由户部集中审阅后，在第二年春天组织考试，然后按成绩录取。但唐初武德年间，因国家刚刚稳定，官员缺额较多，所以除了参加常科考试的之外，有相当一部分贤士都是通过官员或是当地德高望重者举荐，后集中经过吏部考核而委以重任的。骆履元初到长安，并没有经过地方性的选拔考试，他到达之后的第一件事，便是前往岳父在长安的住所登门拜访，一方面是为了尽孝，另一方面，其岳父为官一生，在长安城也交下了许多当地有名望的贤士，骆履元想借此机会求得职位。

　　经过了战乱后的重逢，岳父见到骆履元感慨颇多，经过一番交谈后，骆履元说明来意，面对眼前这个文质彬彬又充满报国热情的年轻人，岳父心中不禁大感快慰，对骆履元大加赞赏。接下来的日子里，岳父刘公与京城中熟悉的官员几经沟通，最后经过引荐和考核，骆履元终于在长安谋得一职，出任太府寺左藏署，之后又因业绩斐然，经过考核出任青州博昌县令。

骆卫淇此时年事已高，体质渐弱，精力也大不如从前，他希望孙子能更系统地学习古代经史典籍。而博昌处于齐鲁之地，是孔子的故里和讲学之所，更是中国传统儒家文化的发祥地，这里的学风颇为纯正，文化的气息也格外浓郁，可以说是接受儒家思想最理想之地。博昌县内外家家小孩都可以背诵《论语》《孝经》，而学堂更是很多，教书先生文化底蕴都很深厚。因此，经过商定，由刘氏带着两个孩子，母子一同北上，这样一是能使家人团聚，二是能使骆宾王在学馆学到更多的知识。

骆履元到博昌履新，公务逐渐走上正轨，凭借他清正廉洁的工作态度，很快便获得博昌人民的称赞。另一方面，骆履元经过一番考察，寻找了一家办学多年，并且在齐鲁之地颇负盛名，同时又经典收藏齐全的学堂，将两个孩子送去学习。学堂先生张学士，在齐鲁一带有很高的威望，他为人友爱和善，做起学问来也是谦虚谨慎，一丝不苟。在讲课时，他经常将做学问与做人结合起来，将儒家思想中修身、正心等人格修养当做教育的重中之重，这正是骆父所期望的。刚到学堂第一天，张学士便对骆宾王进行了测验，让他背诵《论语》中的篇目，骆宾王从前在家乡的时候，就受到过祖父的教导和训练，对于经史文献均有所涉猎，因此，非常流利地背诵出来，张学士频频点头，又问他会不会作诗，骆宾王便把之前作《咏鹅》诗的过程一五一十地讲了出来，张学士颇为惊喜，认定了此学生日后必能成大器，因此也对他格外关照。就这样，骆宾王在学堂里学习，奠定了坚实的学业基础，同时获得了做人的道理，养成了高尚的品格。在《上兖州崔长史启》一文中，骆宾王曾经提到了自己少年就学的经历：

　　然而少奉过庭之训，长昧克己之方。弋志书林，咀
风骚于七略；耘情艺圃，偃图籍于九流。洒惠渥于羊陂，
屡泛文通之麦；峻曲岸于莺谷，时遗公叔之冠。虽不能
纵逸韵于霜皋，唳野致九天之响；而颇亦蓄余芬于露薄，
全尊有十步之芳。

　　"过庭之训"、"克己之方"，都是借用《论语》中的典故，说
接受父亲的训导，克制自己的言行。而"七略"、"九流"则指代
了涉猎广泛的学习内容，指自己在儒家经典，诸子学说方面都有
所涉及。骆宾王在这段话中，说明在父亲的严格教育之下，他在
博昌读书期间刻苦求真的学习态度，以及得到的收获。

　　经过了一年的学习，骆宾王的基础知识已经非常扎实，因此
在第二年，骆宾王便开始了游学的经历。离开了博昌，骆宾王先
后游历了孔子的故居，后又沿着孔子当年游学的线路行走于齐鲁
之间。齐鲁是儒家学术的发祥地，孔、孟二圣的故乡曲阜、邹邑
都是孔子当年设立学官，教授弟子三千之地。孔子之后，孟子继
承并发展了孔子的学说，其弟子先后在博昌等地设立学馆，招揽
各地文学游说之士，著书立说。战国时期，齐鲁之地更是形成了
百花齐放、百家争鸣的学术文化繁荣局面，此后的很长一段时间
里，齐鲁之地都被称为传统学术文化的代表。此时骆宾王深深地
感受到了这片土地上所沉淀的厚重的学术氛围，到处都卧虎藏龙，
无论走到哪里，都可以与人交谈甚欢，他也因此结交了不少贤士
前辈，受益匪浅。后来骆宾王在《上兖州张司马启》中提到"某
篠派庸微，桐严贱伍，托跟邹邑，时闻阙里之音，接闲雩津，屡

听杏坛之说……得锐志于书林，奉过庭之严规"。"邹邑"、"阙里"、"雩津"、"杏坛"等，都是他在游学期间所经过的孔子讲学之地，这一段游学的经历，在骆宾王的成长历程中有着非常深远的影响。

就在这次游历将要结束的时候，骆宾王与随行的同伴一同返回博昌。经人指点后，两人选择了一条来时未走过的捷径小路。这条路不似来时的大路那样宽广，但沿途风光却异常优美，山色清秀，流水潺潺。顺路前行，眼前的景象渐渐宽阔起来，两人仿佛置身于陶潜所描绘的世外桃源一般，阡陌交通，鸟语花香。正在此时，不远处传来悠扬的笛声，骆宾王与同伴朝声音处走去，只见一老者正倚着一棵大树正襟危坐，手持长笛，闭目吹曲。老者身后是一处草房，想必是他居住的屋舍，屋舍前方有一石板，上面摆放着茶具和书本，眼前的这一切再次让骆宾王想起了五柳先生的"环堵萧然"与"怡然自得"来。老者听闻有人前来，止住笛声，微微抬眼，对两个年轻人说："二位年轻人赶路辛苦，坐下来与老朽闲谈半晌可否？"两人很是欣喜，于是坐下来，并无拘束之感，三人从孔子儒学谈论到庄子的逍遥无待思想，兴起时老者还与两个年轻人共同吟咏庄子的《逍遥游》，并对骆宾王的才思大加称赞。直到太阳将要西下，两人起身告辞老者，老者也并没有提及自己的姓名。

回到博昌后，骆宾王将沿途所见所闻尽向父亲一一交代，并且提及了返途中遇见的那位神秘老者。父亲一听便缕着胡须笑说："你是遇到真正的贤者了！"那狭路间的老者正是世人所称的辟闾公。在瓦岗军起义时，他曾救过秦琼的性命，后跟随秦琼投降唐，并且在随太宗击败宋金刚和王世充的几大战役中取得赫赫战功，

但是当天下太平分功受爵之时，他却以跛足为理由拒绝了官禄，
选择解甲归田。每天在清溪之畔，享受山水风光，日常以读书吹
笛为趣，虽不至于如同陶潜一般抚弄无弦之琴，却也闲适自得，
成为了齐鲁一带有名的清客贤者。听到父亲的讲述和评价之后，
骆宾王对这位传奇人物更是心生敬仰之情。

　　骆宾王从初到博昌至今已经有六七年光景，在父母的培养下，
经过学堂所受的基础教育，以及多年在外游学所受到的诸如辟间
公等贤士的提点，骆宾王学思才能在各方面都有了突飞猛进的提
高。在此游学期间，他作诗、作文数十篇，已经从当年享誉乡里
的"神童"，一跃成为齐鲁之地不可多得的奇才。

二、家庭变故与应试挫折

1. 弱年丧父，移居瑕丘

时光飞逝，一转眼骆宾王已经长成十七岁的少年。而此时，骆履元在做博昌县令期间事业也是如日中天。骆履元对日常政务极度负责，遇事必亲临实地，查核处置，从不轻忽，因而深得民心。遇到外办事物，常常是废寝忘食第一时间赶到现场，这种常年在外奔波忙碌的生活使得他的作息严重不规律，时间久了，也是疾病缠身。然而骆履元却像每一位清官一样认真负责，他并不在意自己的身体，总是舍小家顾大家，将自己的全部精力都奉献在事业上，兢兢业业，从不含糊。

这一年，山东、河南三十多州遭受水灾。博昌县内的小清河泛滥，沿河两岸的居民房屋受损严重，很多屋舍都是茅草泥土堆砌而成，遇水浸泡就会产生塌陷和毁坏。与此同时，地里的庄稼更是全部被洪水冲泡，损失惨重，大水逐渐蔓延到博昌县内，抗洪工作迫在眉睫。受到水灾的侵蚀，博昌县内百姓大多流离失所，房屋被水淹没更使他们无家可归，只能在街上暂时栖身。骆履元看到了这番景象不禁落泪，深感内疚，作为一地之长，却见到百姓都流离失所，不能安居乐业，他实在是不能以一己之力来缓解灾害对百姓生活的重创，更无法避免这场天灾的发生。于是，骆履元责成一对人马，亲赴受灾现场指挥抗洪，无论白天黑夜，他都站在抗洪第一线上，一面救灾，一面筹备财物安抚众多百姓，一连几个月忙得顾不上应时的吃喝，终于将洪水制服，然而自己的身体也因积劳成疾，终于不堪重负。

从抗洪现场回来之后的骆履元，人渐渐消瘦下去，终日脸色不佳，尽管如此，他依然坚持处理县内政务，最终在县丞和刘氏的竭力劝慰下，他才将手边事物交给手下处理，请了几位当地有名望的医生来诊治，终于得以在家中调养生息。然而好景不长，骆履元所患之病乃由来已久，因劳转剧，已经无法治愈，只能靠药物维持。看着父亲身体每况愈下，骆宾王深感忧虑，此时除了二弟从王之外，三弟尊王也已出生，一方面他担心着母亲为父亲的操劳辛苦，另一方面家中的经济状况开始吃紧，他深感肩上责任重大。

自清河水灾返回家中不到一年的光景，骆履元的病情逐渐恶化，到最后变得骨瘦如柴，时而清醒时而昏迷。突然有一天，骆履元将三个儿子都叫到床前，宾王、从王、尊王三子跪在父亲病榻前，尊听父亲的嘱咐。骆履元微微睁开双眼，抬起手来想要抚摸儿子，手刚刚抬起已经没有了力气，此时骆宾王将手迎了上去，紧紧握住父亲那皮包骨的手，一抬眼，他看到父亲也已经眼含热泪。父亲挣扎着坐了起来，用微弱的呼吸对长子骆宾王说："你一定要将骆氏家业发扬光大……要给祖宗争得荣耀……报效国家……"说完又不停地喘息，一大口鲜血伴随着刚刚服下的药全都吐泻出来，三个儿子连在一旁的刘氏，都已经泣不成声。

几天以后，骆履元离开了人世，他生前留下的最后遗言就是对骆宾王所说的那番成就家业为国效力的嘱托。消息传出后，整个博昌县内都为之悲痛。县城内一时人们谈论的话题都是有关于这位清廉的父母官，说到伤心处还都不禁潸然。而骆履元生前所结交的挚友也都纷纷前来吊唁，乡里乡亲也多自发地来到骆履元住处进行悼念。这无处不体现了骆履元尽忠职守、鞠躬尽瘁的人格信仰。

后来，骆宾王在《上吏部裴侍郎书》中写道：

> 徒以凤遭不造，幼丁闵凶。老母在堂，常婴羸恙。藜藿无甘旨之膳，松槚阙迁厝之资。扶躬存亡，何心天地！

说的即是在骆宾王年纪尚"幼"之时就经历了丧父之痛，而在此时，母亲一个人难以支撑家庭，又有从王、尊王两个弟弟需要照顾，而家里经济状况令人堪忧，实在是让人难以承受。此时当务之急是考虑父亲骆履元的安葬问题，中国人在家人离世之后，都讲究落叶归根，但据当时的情况来讲，首先博昌县距离义乌老家有数千里之隔，想要往家乡报噩耗都需要相当的时日，更不用说灵柩南归故土了。另一方面，骆宾王提到"藜藿无甘旨之膳，松槚阙迁厝之资"，说明当时家里的经济实在是困难，根本支付不起归葬所要消耗的钱财，因此无力归葬义乌，无奈只得将父亲暂厝于博昌县的城郊。

骆履元去世，官职不在，之前一直生活在县衙之内的骆氏母子不得不尽快搬离。经过了一番周折，在县丞和各方友人的帮助下，骆宾王一家辗转搬出了县衙，由于经济拮据，付不起房租，所以好不容易才在安置灵柩之处的附近找了一处价格低廉的简易住处。而按照古代传统的守孝的规矩来讲，长子则必须要在父亲灵柩安放的不远处栖身，守孝三年，并且不得任官、不得嫁娶、不得应考。因此骆宾王在山头不远处搭建了一处简易草房，将母亲和弟弟安置好以后，自己便来到草房，日夜在那里为父亲守孝。骆宾王的担子不只这些，除了服丧之外，他还要照顾因悲伤过度而卧床不起的母亲，以及两个尚未懂得世事的弟弟。骆履元一生为官清廉，除了应得的俸禄之外，不曾有半点愧对于民的贪污之事，也不曾多拿过半石俸禄，因此，除了能维持家人生计之外，没有许多的结余，家境也一直清贫。如今履元去世，俸禄全无，骆宾王服丧期间又无法外出谋职，一家人的生活也随之陷入了困境，仅凭借着之前刘氏积攒的一点积蓄度日，家中的生活状况日渐惨淡下来。幸得骆履元生前为人耿直，结交了一批挚友，大家先是纷纷解囊相助，又时常提供一些蔬菜和粮食，很长一段时间里，骆氏一家只能靠着大家的接济，艰难地维持着生活。

就这样，骆宾王在父亲的灵柩边服丧已有一年多光景，每天除了按时上香磕头之外，就是安排好家里的饮食起居，尚未到弱冠之年的他，已经担负起了照顾家庭的重任。尽管如此，骆宾王并没有忘记父亲临去世之前对他的嘱托，他经常以此来鼓励自己，未来一定要在长安城求得职位，将自己的才华全部奉献到国家的建设中去。就这样，骆宾王在艰苦的环境中依然坚持读书作文，只要一有时间就钻研学业，有时候只能借着夜里的烛火照明，为的就是将来在科举考试中一举成名。与此同时，刘氏也渐渐从丧夫的悲痛中走了出来，身体逐渐恢复，已经可以在屋舍旁边一片不大的地上种些蔬菜，以备家用。两个弟弟已经在学堂上学，成绩优秀，时常得到先生的夸赞，一家人的日子虽然清贫，但也开始恢复了生机。

时光渐渐流逝，骆宾王的三年服丧期马上就要结束，此时，骆家已经在居所周围开辟出了一片荒地，平日里靠躬耕维持生计。但是骆宾王毕竟是读书之人，如果将全部精力都放在垦荒自救上，也许是个解决一家困难生活的权宜之计，但从长远角度来讲，则荒废了基业。这一点骆宾王考虑得非常清楚，他本想着，等服丧期满就进京赶考，待功成名就可以荣归故里，一家人生计也不再成为问题，同时也可尽快让父亲的灵柩归祖还乡，了却父亲的遗愿，大可报效国家，光宗耀祖。但另一方面，前些日子从义乌老家接到家信，说祖父祖母在久病之后，相继离世，希望骆宾王一家能够回乡守孝。作为长孙，他当然迫切希望回到故里为祖父祖母守孝，但是他又不得不考虑，父亲在家乡的家产几乎是没有的，再者，返乡的路费也是一大难题，他不可能将父亲独自留在博昌。于是，是否返回义乌，再次成了令骆氏一家头疼的难题。

就在骆氏母子为这个问题焦头烂额的时候，正赶上骆履元的生死之交韦超赶赴兖州瑕丘出任县令，韦超接到了骆履元去世的消息后，特地前来凭吊。到博昌县里打听，就听到了许多对这位两袖清风故交的赞颂，同时又听闻了骆履元去世之后骆家境况的艰辛，于是打定主意要为骆家做点什么。瑕丘是韦超的老家，家中除了妻儿，还有个年老的母亲，如果可以接骆氏一家到瑕丘居住，则既可以相互照应，又解决了骆家的生计问题。最重要的是，韦超早就听闻义乌"神童"骆宾王的才气，如今正是骆宾王大展宏图之时，他更是希望减轻宾王身上的负担，帮他分忧解难，以便让他安心准备应试。刘氏本不愿打扰他人，况且骆履元的灵柩还在博昌，一家人更是不愿意离开。韦超几番解释，盛情难却，于是一家人思索再三之后，骆宾王认为眼下只有这个权宜之策，这样自己也可以安心赴京赶考。最终，在服丧期满后，骆家移居至瑕丘。

2. 初出茅庐，考场失意

服完父丧，安顿好母亲之后，骆宾王做好了充分的准备，计划起身赶赴京师。宾王自幼聪慧好学，又接受祖父和父亲的教导，博览群书，后在博昌又受到张学士的悉心培养，此外又有丰富的游学经历，因此科举考试对于他来说，应当是胜券在握。在移居瑕丘半年多的时间里，他将所有的心思完全放在这次科举考试上，并且信心十足。

唐代的科考制度前面我们已经讲过，考生主要来自两方面，一方面是由各地学堂推荐，称为"生徒"，另一类则是由州、县举选，也就是我们常说的"乡贡"。由乡贡入京应试的称为"举人"。州、县考试称为"解试"，而通过后到达京城参加的尚书省的考试通称"省试"，或"礼部试"。礼部试都在春季举行，故又称"春闱"。骆宾王早已经离开博昌的学堂，现在只能走"乡贡"一条路。根据规定，乡贡选送首先要经过县里的初试，之后要进行州里的复试，最后成绩突出者由州长史举送进京。骆宾王原本是博昌县人，但由于他已经离开博昌在瑕丘已经有一年之久，因此他只能在瑕丘报名参加这次的初选。为了顺利地取得"乡贡"资格以便上京考取进士，同时也向韦超展示一下文学水准，骆宾王受韦超县令的指示，写了两篇文章以自荐。在《上瑕丘韦明府启》

中，骆宾王这样写道：

> 谅以糟糠不赡，甘旨之养屡空；箪笥无资，朝夕之
> 欢宁展。是以祈安阳之捧檄，拟毛义之清尘；思鲁国之
> 执鞭，蹈孔丘之余志。属以蚕秋应节，雁序届时，飙金
> 将露玉共清，柳黛与荷细渐歇。实含毫振藻之际，离经
> 析理之期。不揆雕朽之材，窃冀迁乔之路。辄期泛爱，
> 轻用自媒。倘荆璞无致於见疑，夜光不逢於按剑，则沈
> 骸九死，终望衔珠；殒首三泉，犹希结草。载尘清瞩，
> 局影外惭。冒渎威严，循心内骇。

这其中提到了自己在生活上的贫困，因此迫于生计，希望参
加考试，夺取功名，也好侍奉母亲。在接下来的论述当中又简单
地提到了自己的应试意愿，希望能凭借自己的本事，在这样大的
考试当中一试身手，若能如愿以偿，自己将会像传说中的"隋侯
救蛇，蛇衔夜明珠报答"一样，报答引荐之恩。而在《上郭赞府
启》中，骆宾王同样也表达了希望能通过应试夺取功名的意愿。
因此在韦超和县丞等人的引荐下，骆宾王获得了"乡贡"资格。
七岁被誉为"神童"的他，更是不费吹灰之力就在县里的初试中
取得了头名的好成绩。母亲刘氏听到这个消息之后欣喜不已，两
个弟弟也欢呼雀跃起来。顺利地通过了初试之后，到州里的复试，
就显得有些曲折了。骆宾王原本不是瑕丘生源，而这次初试，一
是因为他在瑕丘已经有一年之久，二是因为两篇自荐之文实在是
感人肺腑，因此主考官员并没有设置障碍难为他。但是进入复试
阶段，兖州境内的考生早知道骆宾王的才气，担心自己的学识不

及骆宾王而遭到淘汰，因此几个考生联名向州刺史告状，意在将骆宾王排挤出局。但刺史本身是重才之人，骆宾王的复试资格也并没有违反规矩之处，因此他决定唯才是用，驳回了几名考生的诉状。这次考试的结果当然不言而喻，虽然经历了波折，但最终骆宾王连中头名，顺利进入明年春天的长安之试。

临行前，韦超特意举行了家宴为骆宾王饯行。席间，韦超很是高兴，就好像自己的儿子中了举人一样，于是推杯换盏，言语中又谈起与骆宾王父亲旧时的情谊。韦超提起了当年在他任职期间遭人陷害，险些丢了官职，骆履元在冒着同样被诬陷的危险之下如何帮他补救损失，让他躲过杀身之祸的旧事。情到深处，不禁潸然泪下，看着眼前这个彬彬有礼的年轻人，韦超又怀念起这个故交来。这时大家也都纷纷恻然，为骆父的英年早逝而叹息不已。最后还是骆宾王劝慰大家要振作精神，他站起身来，豪情满怀地说："我必当不负先父嘱托，也绝不辜负在座各位对我的期望！"说完一饮而尽，大家的情绪也从悲伤中缓和过来，为骆家公子所取得的成绩又振奋起来，也跟着举杯欢饮。之后，韦超向骆宾王叮嘱了路途小心，同时又为骆宾王置办好了一路的盘缠，对于进京赶考的诸多事项也都一一交代完毕，这才放心离开。

这次与骆宾王一路同行的还有在博昌时一同游历，并且见到辟闾公的那位同伴。这位同伴是骆履元另一位故交的儿子，名叫季武，与骆宾王年龄相仿，且精通武艺，这次与骆宾王一路北上，是为投奔身在洛阳的伯父。置办好了各项事务之后，两人上路了，就好像年少时一同游历齐鲁一样，两人自由自在，一路边走边聊，回忆起往事，时而开怀大笑，时而又感慨颇多，沿途感受着不一样的风土人情，增长了不少见识。有时又遇到秀美的风

光，他们俩便驻足欣赏，兴起之时，还要吟诗作赋。两人日夜兼程，遇到风雨，他们就找就近的寺庙躲避，有时还会和老僧在雨夜下一盘棋，行程虽然艰苦，但两个人却都很开心。到了十一月下旬，两人经历了四十天的行程，终于到达洛阳，经过一路打探，来到季武的伯父季洪将军的军队驻扎地。经过了几天的停留后，骆宾王因为姨夫在京等候，便决定先行动身，季武也决定陪同骆宾王一同前往，二人很快便到达京城姨夫住所。看到了亲人，骆宾王将这些年发生的事情一一讲述给姨夫和姨妈，大家在感慨之余，也在为宾王今天的成就感到骄傲。几天里，家人都沉浸在浓浓的亲情当中，平复下来之后，骆宾王开始着手考虑应试的问题。

唐初社会虽然呈现的是一派政通人和、清平向上的景象，但是作为选拔优秀人才重要途径的科举考试，其在制度上仍然存在着诸多弊端。唐代取士，不仅仅是要看考试成绩，更重要的是要有各界名流的推荐。于是许多考生在科举应试之前，纷纷提早来到京城，奔走于各路公卿的门下，将自己往日的作品呈上，以求得有名望者的肯定。唐代这种"推销"自己的方式，被称为投卷。向礼部直接投的叫公卷，而向一些德高望重的达官之人投的称之为行卷。即使你精通史略，或者才思过人，想要成为应试的佼佼者，也必须要在考试之前大量走访长安城的有名望之士，将自己的作品呈上，如果被看重，那自然在考场之外会有人替你举荐，否则，在推荐这一环节，就会薄弱许多，以至于影响考试最终成绩。投卷这种方式，一方面确实能够使考生在一纸考卷之外更全面地展示自己的才能，使真正有才华的人崭露头角，同时经过一些德才兼备的贤士推荐，朝廷也多了一重用人上的保障。但是另一方面，从实际情况来讲，投卷行为大大削弱了科举考试的公平性，而考官的个人倾向性却大大增加，于是又有许多考生趁机收买举荐之人，做一些弄虚作假、欺世盗名的不法勾当。许多有权力背景的人企图通过贿赂当权者，来获得私荐，或者以场外定夺，事先获得一官半职。而像骆宾王这种毫无权势背景的人，就只能通过行卷的方式，将一早准备的文章诗赋递交给考试官员，至于是否石沉大海，又另当别论。

　　骆宾王一向秉性刚直，不齿于这种卑劣的勾当，因此他一心准备考试，从未考虑过以其他途径获得私荐，他相信寒窗苦读终会得到好的回报，之前的所有努力也不会付诸东流。因此，当姨夫想要为他托关系寻找一位当朝主管应试者的时候，被骆宾王委婉地拒绝了，他说："连日来，姨夫收留我，为我的事情日夜操劳，宾王实在惭愧！宾王深知姨夫的良苦用心，但更不愿让姨夫为我屈尊奔走。我这次应试，希望通过自己真正的实力来谋取官职，也不枉祖父和父亲对我的期望！"骆宾王的一番陈辞深深地打动了姨夫，他看到了骆宾王眼神中坚定的信念，心中感到欣慰。

　　唐代常科的科目有秀才、明经、进士、俊士、明法、明字、明算等五十多种，其中明经、进士两科是常科的主要科目。骆宾王此次考的就是"明经科"。明经重帖经、墨义。所谓"帖经"，就是从经书当中任选一页，然后将左右两边蒙上，只取中间一行，再用纸帖盖上其中的三个字，由应试者来填充，类似于我们今天的"填空"。而墨义则是对经文的字句作简单的解释。帖经与墨义，只要熟读经传和注释就可中试。除此之外，经过贴文之后，还要进行口试，口试的考试内容为，经问大义十条，答时务策三道。对于这样的考试设置，骆宾王可以说是胸有成竹，祖父和父亲的教导以及学堂的求学经历，使他在五经要义方面基础非常扎实，随便一条经义，他都可以倒背如流。而游学的经历又使他开阔了眼界，对一些自然、历史、地理风貌都有了全面的了解，因此在涉及一些杂学的时候，他也能够应对自如。

凭借着扎实的基础，在笔试中，骆宾王发挥得极为出色，他将考试内容和自己的作答与姨夫交流，姨夫也是不住称赞。到了第二场口试，主考官先是问了关于五经释义的题目，骆宾王都回答得十分出色，就连考官在堂上也是频频点头，脸上浮出笑容。最后在时务策一科中，有一道试题是问"何为高节之士"。骆宾王慷慨陈词，将历史上忠贞不贰之臣细数一番，又重点针对伯夷、叔齐宁死不食周粟的高节之举进行了一番评价。骆宾王滔滔不绝地陈述着自己的观点，将议论的全部重点都放在了"忠贞不贰"这个点上，丝毫没有留意考官此时脸上的笑容已经消失，换成的是尴尬与愤怒。为什么考官会一下子变脸呢？众所周知，唐初年间，许多的朝廷高官都是来自于隋朝的旧臣，他们一方面痛恨隋朝的暴虐统治，渴望能在一个平和安定的政治背景下生存，另一方面，内心也承受"贰臣"的煎熬，因此，最怕别人提及此事作为话柄，而该场口试的主考官，正是这批隋朝旧臣之一。可怜的骆宾王完全没有注意到这一点，不明就里激昂陈词，间接地表达了对"贰臣"的不满，正说到了考官的痛处。虽然从儒家思想观念角度讲，骆宾王的陈辞毫无瑕疵可言，可口试中毕竟人为因素占主导，因此，骆宾王在此吃了大亏，然而他自己却并不自知。

等到考试发榜的日子一到，骆宾王便迫不及待地在金榜上寻找自己的名字。他反复从头到尾看了三遍，都没有找到自己的名字！这突如其来的打击，犹如当头一棒，将他击倒了。他反复思

忖，并未觉得自己在笔试和口试中有什么回答不妥之处。回忆再三，将口试的情况与姨夫沟通，姨夫一听，便脸色大变，无不遗憾地说："孩子，你这是犯了主考官的大忌了！"遂将这其中的原委向骆宾王一一道来。听后，骆宾王这才恍然大悟，又无可奈何地说："明明是正道人伦，却因为一己之私而加以否定，岂有此理！"季武也过来劝慰，眼下只有两条路，要么就疏通关系，力求举荐；要么就重整旗鼓，明年再战。骆宾王当然不会趋炎附势，毅然决然地选择离开。后来，骆宾王在游德州时作《夏日游德州赠高四》，在这首诗序中，骆宾王这样写道：

> 仆少负不羁，长逾虚诞，读书颇存涉猎，学剑不待穷工。进不能矫翰龙云，退不能栖神豹雾，扶循诸已，深觉劳生。而太夫人在堂，义须奉檄，因仰长安而就日，赴帝乡以望云，虽文阙三冬，而书劳十上。嗟乎！入门自媚，谁相谓言，致使君门隔于九重，中堂远于千里。

这段话表达的正是他参加本次科举考试的全过程，表明自己一方面是为了遵从先父遗愿，另一方面也是迫于生活的压力，所以寒窗苦读，为的就是考取功名。但最终也只是如苏秦说秦一样，"书劳十上"。这里骆宾王引用的是《战国策》中"说秦王书十上而说不行"的典故，当年苏秦力图说服秦王采用连横的政策，结果奏折多次呈上，但陈述的主张却一直不被采纳，最终皮衣穿破了，钱财也用完了，只得离开秦国返回。骆宾王引用此典故，意在表达自己的愤懑与不平，最终也只能无奈地感叹"致使君门隔于九重，中堂远于千里"。

而在《畴昔篇》中，他也曾描述过他参加这次考试之前和之后的心态：

　　　　少年重英侠，弱岁贱衣冠。既托寰中赏，方承膝下欢。遨游灞陵曲，风月洛城端。且知无玉馔，谁肯逐金丸。

　　意思是说自己从小就敬重侠义之士，看不起那些衣冠权贵，正当少年之时，来到京城参加科举求仕，可以看出骆宾王在考试前期是毫无心理压力的。后面又说，虽然家中清贫，但绝对不追逐人家射落的"金丸"，意谓着自己不会攀附权贵之人，做一些弄虚作假的投机勾当。可见，他对自己这次考试失败感触更多的是对制度的不满与愤怒，同时也表达出自己矢志不渝的气节。

　　刚刚遭受打击的骆宾王，内心难以平静，他不想把这样的坏消息带回兖州，更无颜面去见母亲、弟弟以及对骆家有大恩的韦超。姨夫和季武都劝他好不容易进一次京，何不趁此机会游览一下京洛之地，散一散心，同时也能开阔一下视野，说不定能寄情山水，创作出一些佳篇来。痛定思痛，骆宾王接受了两人的建议，"遨游灞陵曲，风月洛城端"（《畴昔篇》），便是他落地之后游览京洛的印证。从长安到洛阳经过鲁阳关时，骆宾王写了《至分水戍》一诗，字里行间表露出了落地之后的失意心情：

　　　　行役总离忧，复此怆分流。
　　　　溅石回湍咽，萦丛曲涧幽。
　　　　阴岩常结晦，宿莽竟含秋。

况乃霜晨早，寒风入戍楼。

经过南阳时，写了《过张平子墓》一诗，借缅怀张衡事迹，来抒发个人怀才不遇的愤懑之情：

西鄂该通理，南阳擅德音。

玉厄浮藻丽，铜浑积思深。

忽怀今日昔，非复昔时今。

日落丰碑暗，风来古木吟。

惟叹穷泉下，终郁美鱼心。

这一次的考场失意，使骆宾王第一次尝到了人生路上的艰难险阻，让他懂得了人世间的险恶与复杂，从此他变得成熟了。

3. 归乡返还，喜结良缘

考场失意，使得骆宾王变得成熟起来，在遍游京洛之后，骆宾王的心态逐渐转为平和，于是，他决定返回义乌——那拥有着美好童年记忆的故乡，那片阔别已久，让他深情眷恋的故土。他打算先回去探望许久不见的家乡亲人，同时祭拜祖父祖母的亡灵，之后再考虑下一步的打算。与骆宾王一同随行来到长安的季武，这时也需要回到军中入职，于是挑了一个好日子，骆宾王的姨夫为大家设宴送行。席间姨夫对骆宾王进行了劝慰与教导，使骆宾王感激不尽，他再次想起了这么长时间以来，各路亲朋对他毫无保留的帮助，自己如今却落地，实在是对不起大家，当年的豪情壮志，如今已经在世事的沧桑中显得那么不值一提。季武见到此情此景，也不由得感慨万千，一路上他见证了骆宾王的坚持与努力，他不希望朋友就这样在考场失意中消沉下去。于是他拿起酒杯对骆宾王说："留得青山在，不愁没柴烧，这次不行还有下次！只要不失去斗志，成功总会属于我们！相信大哥总有一天会取得功名，光宗耀祖！"骆宾王被季武的情谊深深感染，两人一饮而尽。就这样，第二天早晨，季武和骆宾王向姨夫、姨妈辞别，从长安到义乌，需从洛阳走水路，于是两人先赶至洛阳，依依不舍一番之后，骆宾王顺流南下直奔义乌。

　　这一路上，骆宾王尽量多地接触山河名胜，以此来排解忧闷。在行程中，他写下了《途中有怀》：

　　　　眷然怀楚奏，怅矣背秦关。
　　　　涸鳞惊煦辙，坠羽怯虚弯。
　　　　素服三川化，乌裘十上还。
　　　　莫言无皓齿，时俗薄朱颜。

　　说的是经受了京洛风尘之后，自己狼狈返乡的郁闷之情。诗在开头就表达了自己因为考场失意而怅然若失的沮丧心情，以及由此想到的对故乡的怀念之情。接下来将自己比作涸辙之鲋和惊弓之鸟，动弹不得，铩羽而归。随后又自比向秦王书十上而不用，衣服破烂，狼狈返乡的苏秦。最后一句对自己所遭受到的不公正待遇进行愤慨，说自己不是没有一身正气，而是因为"时俗"，而受不到重视。

　　一路上骆宾王走走停停，沿途的名胜古迹大都浏览了一番，游罢灵隐寺，他顺舟而下，过七里泷，饱揽富春江两岸的秀丽景

色。最后船到达义乌，已经是八月。在皎皎明月的映衬之下，义乌城显得格外动人，经历了一路的艰辛，骆宾王内心百感交集，自十岁随父亲到博昌，离开故居，如今已经有十多年的光景，这里的一草一木在骆宾王的眼里都显得格外的熟悉，游子在外，终还故乡。这种心情是难以言表的，于是他写下了《望乡夕泛》：

> 归怀剩不安，促榜犯风澜。
> 落宿含楼近，浮月带江寒。
> 喜逐行前至，忧从望里宽。
> 今夜南枝鹊，应无绕树难。

写的正是傍晚时分，江上卷起风浪，而这个在外漂泊多年的游子，终于在长期的羁旅生活之后，乘船回到了故乡，船快行进至岸边，心中涌上了无以言表的欣喜之情，转念又有太多的忧愁幽思，曹操有言"月明星稀，乌鹊南飞，绕树三匝，何枝可依"。说的是身无寄托之感，而今回到故里，有了栖身之所，再也不觉得漂泊凋零，无依无靠了，似乎所有的委屈都在这一时刻化为乌有，剩下的只是归乡的喜悦。

下船登岸，骆宾王见到一个孩童正在河边玩耍，口中还小声在嘀咕着什么，于是他走上前去询问，才知这孩童正是叔叔履端的小儿子童儿。童儿知道了来者正是大伯家的长兄骆宾王，高兴得又蹦又跳。当年骆宾王随父亲离开的时候，他还没有出生，如今童儿已经像骆宾王七岁时候，在河边追逐鹅群。骆宾王问童儿刚刚在小声吟咏的是什么？童儿不假思索地说："是父亲教我的《咏鹅》！鹅，鹅，鹅……"骆宾王听到这里，一把将童儿抱在怀里，童儿说："哥哥我去叫大家来迎接你！"然后就高兴得手舞足蹈，飞快地跑向村子里，一边走还一边大声地喊："宾王哥哥回来了！宾王哥哥回来了！"

大家纷纷走出家门，远处走来的可不正是骆宾王嘛！如今他已经长大成人，脸上也多了岁月的沧桑。叔叔骆履端、骆履正赶忙出来，将骆宾王迎接到屋子里，大家坐下来，嘘寒问暖，一阵寒暄之后，竟相顾无言，惟有泪千行。骆履元去世的消息已经在三个月后就送达家中，直至今日提起此事，亲友无不恻然。偏偏祖父卫淇公和祖母孟氏也因久病先后辞世，骆家在悲痛中度过了守孝的三年。直到服丧结束，接到骆宾王的来信，得知骆宾王一家四口移居瑕丘，宾王又要进京赴考，才渐渐从悲痛的情绪中走出来。大家又闲叙一阵，眼看时间不早，于是骆宾王就在叔叔履端家里暂住了下来，这下正合童儿心意，他这个小机灵鬼正想着可以和大哥玩耍，嬉戏，也好学到更多歌谣诗篇呢。

第二天早晨，骆宾王做的第一件事就是祭拜祖父祖母。跪在祖父母坟前，骆宾王想起了从前他们慈祥的笑脸，祖父骆卫淇是那样喜爱自己，将自己时时都带在身边，平日里，教导自己读书、作诗，走在乡里路上，逢人便夸赞孙子从小就能吟诗作赋。祖母平日里和蔼可亲，每天操持家务忙里忙外，从无怨言，对他这个孙子更是疼爱有加……想到这里骆宾王不禁大哭起来。向祖父母祭拜回来，已经是晌午，家中已经备好了一桌丰盛饭菜，为骆宾王的归来接风洗尘。饭后，骆宾王独自到乡里散步，面对着这些熟悉却又陌生的乡间之景，他感慨万千。

就这样，骆宾王在叔叔履端家里住了将近一个月，到了九九重阳日，秋高气爽，正是登高野游的好时节。于是履端、履正和

骆宾王带着童儿重游了家乡的五岩山。五岩山是骆宾王儿时经常玩耍的地方，祖父晚年也有许多时间在那里度过，因此这次故地重游，他倍感亲切。陡峭峻拔的五岩山脚下，流水潺潺，清泉顺流，顿时让人感到心旷神怡。随后骆宾王又游览了家乡附近的绣川湖，从前祖父时常带着宾王来到这里散步，春日十分，杨柳依依，景色十分优美。而如今已进入秋季，天高气爽，湖水也显得格外清澈，平静的湖面和蓝天交相辉映，显得清幽又神清气爽。这里正是当年骆氏宗族的发祥地，因此骆宾王更有着深深的眷顾之情。

时光飞逝，一转眼，骆宾王已经在义乌故乡愉快地度过了三个月，虽然依然眷顾故乡的山水，故乡的亲情也抚平了他在京洛的失意情绪，但他不得不再次考虑自己的前程，调整心态，准备来年的考试才是他迫切想要完成的目标。因此，十一月下旬，在为祖父祖母上完三个月的香之后，骆宾王决定返回瑕丘。在两位叔叔和亲朋好友的热情欢送下，骆宾王带着不舍离开了义乌，重新踏上征程。

一个多月后，骆宾王再次回到了齐鲁大地。到达瑕丘住所，母亲看到儿子终于回来，喜悦之情不胜言表，弟弟见到哥哥回家，也十分高兴，一家人终于可以团圆。韦超在一旁看着母子团聚的情景，心里激荡起了一股股暖流。骆宾王将离家所发生的事情一一向大家讲述出来。弟弟尊王听得最认真，时不时地插嘴问："然后呢？然后呢？"原本艰辛的经历讲出来的时候，也变得如同传奇经历一般动人。韦超见骆宾王已经从京城失意中走出来，不禁赞叹道："年轻人能有如此魄力，面对挫折依然坚强，实属难得啊！"

骆宾王回到瑕丘以后，就开始了躬耕的生活，利用闲暇时间继续读书学习。到了第二年夏天，韦家来了母女两人，到堂上与韦超交谈了很长时间。后来，贵客走后，韦超又将骆宾王母亲请到书房谈了一阵。晚上母亲刘氏将宾王叫到身边，对他说，今天来的那对母女女儿姓范，名允明，父亲曾任边州都护，为四品武官，三年前因病去世，女儿允明同夫人一同在兖州老家居住。范家小姐出自书香门第，乃是大家闺秀，又喜好读书，如今正值适婚年纪。早就听闻住在韦府的骆家公子博学多才，学兼文雅，又是当地解试的头魁，细细打听才知道，这位头名才子，正是那位当年声明享誉江南的七岁作《咏鹅》诗的"神童"，因此对骆宾王颇有好感。范母了解到女儿的心思，心想若能将女儿终身大事托付给这样一位优雅的儒生，也算了却了自己的心愿。如今服丧期已过，正值骆宾王赴京赶考回来，便特地登上门来先向韦县令打探一番，今日骆宾王从堂上偶然经过，范氏母女见到，更是觉得很满意，于是想征求骆母的意见。骆母本因儿子落第之事有所顾虑，不想那范家小姐却毫不在意此事，并说她看重的是骆宾王的人品才识，并不是那些虚名，骆母觉得母女两人十分真诚，心中对范小姐也是印象不错。

骆母将事情原委向骆宾王说明之后，骆宾王一时觉得事发突然，这些年来一直忙于读书，父亲离开之后，家道中落，又忙于生计，从未考虑过婚姻问题。但是母亲刘氏考虑到宾王已经过了弱冠之年，自己又日渐衰老，宾王需要有人来照顾，而且家里需要有这样一位贤惠主妇来操持，骆宾王深知母亲心意，遂决定再安排一次与范家小姐的"偶遇"，也好让母亲仔细考察。于是在韦超县令的安排之下，两人在正月十五的灯会上"不期而遇"，骆宾

王心中一动，范家小姐美貌如花，谈吐优雅，又很温柔娴淑。两人从最初的拘束，直到相谈甚欢，一同猜灯谜，看表演，就这样度过了一个完美的月圆之夜。两人的表现被骆氏和范氏夫人看在眼里，看来这桩婚事不成也难了。但是，骆母心中依然有所顾虑，因为范家小姐毕竟出于大户人家，这样屈尊下嫁到骆家，彩礼自然是要十分丰厚才行，但是考虑到骆宾王此次赴京考试本以为会一举中第谋得官职，不想却是这样一个结局。鉴于此，家中的财力也十分有限，勉强能够支撑一家四口的生活，对于娶妻之事，既是囊中羞涩，却又害怕错过了姻缘，因此刘氏心里十分不安。范家一早看出了骆母的担心，仍然坚持着看重的是骆宾王的人，而不是钱财、功名，因此包揽下了结婚的各项事宜，并且为小两口在兖州附近置办了一处房子，万事俱备。两家商定好了日子，骆母也将多年积攒下来的一点微薄积蓄当做礼金交给范家小姐，当年秋季，两人举办了简单却温馨的婚礼，骆宾王的终身大事就这样顺利地完成了。

这一对璧人可谓才子配佳人，范小姐格外喜欢读书作诗，两人志趣相投，相敬如宾，经常在厅堂里交换读书心得，谈得尽兴之时，骆宾王还会取来笔墨纸砚，两人纷纷作诗互相切磋。就这样，在两人成婚之后，过了一段无忧无虑的幸福生活。然而骆宾王知道，如今两人的生活虽然稳定下来，但是仅仅靠着家里仅剩的积蓄，不足以支撑起今后的日子，而更重要的是，骆宾王并没有放弃考取功名的信念，因此对于仕途问题一直在心中有一定的打算。如今，距离上一次进京应试也快有三年了，这一天，骆宾王主动找到母亲，说："骆家自古以来都是缙绅传递，学成出仕，这是祖上的遗训，也是父亲在临终前对我的嘱托，如今婚事已成，生活也安定，但是男儿志在四方，一定要出外闯荡，做出一番事业才不会蹉跎岁月，枉度此生啊！"母亲深明大义，非常支持儿子的想法，无论是考取功名，还是另谋他业，只要肯闯出一番天地，就无愧于列祖列宗。随后，骆宾王又将自己的想法与妻子坦白相告，本以为妻子会因此而感伤，没想到妻子非常支持地说："你我终成眷属，我已经无憾了，如今正是你为国效力，大展宏图之时，大丈夫志在四方，不能受制于儿女情长，作为你的妻子，我深知这其中的道理，会全心全意支持你，你走了以后，家里老小就交给我来照顾，等你功成名就，再回来接我们也不迟……"骆宾王为妻子深明大义的一番话深深地感动，至此，他心里不再有后顾之忧，打定主意，准备过了年就向长安再次出发。

三、初仕王府与辞官归隐

1. 重整旗鼓，洛阳会友

初出茅庐就备受打击的骆宾王，如今已经看破了官场的复杂与险恶，再也不单纯地认为那是一块洁净的圣土了。随着年龄的增长和阅历的加深，他也明白，要想谋得一官半职，也是需要有人举荐才行，但他所信奉的原则就是绝不做弄虚作假之行为，而是必将自己的真才实学展示给真正赏识他的贤德之人。骆宾王此次临行前，便已经与长安姨夫通过书信，告诉他自己的想法和行程，姨夫也支持他这样做，并要骆宾王将自己平日里所写的作品一并寄去，待有机会之时，将这些优秀诗篇交给那些有名望的贵人，终会有出路。

大年初五，骆宾王在母亲、岳母以及韦超等人的祝福声中，在妻子依依不舍的眼泪伴送下，离开兖州。这一次赴京，他仍旧首先到达洛阳。洛阳历史悠久，自古以来都是全国性的商业大都会，东汉、魏晋以后，更是全国乃至周边地区经济文化中心，东汉时光太学生就多达三万人，白马寺是中国最早的佛寺，北魏盛时全城佛寺多至一千三百余所，盛况空前，足见其繁华程度。特别是隋朝开国以后，又在汉城的西面建设新城，规模更是宏伟。唐代虽然建都长安，但洛阳却有东都之称，依然繁华依旧。之前遍游京洛给骆宾王留下了非常深刻的印象，他心中想着，即使不能在长安谋个一官半职，也要在洛阳寻找一处落脚之地。

距离上一次与挚友季武离别已经有将近五年的光景，遥想当年，骆氏一家经历丧父之痛，生活每况愈下之时，多亏了这位挚友的鼎力相助，经常把自家的蔬菜、粮食拿来分给骆家，逢年过节还会带来腊肉和钱财。这让骆氏一家都感激不尽，骆宾王进京赶考时，季武又形影不离地跟随一同赴京，在骆宾王遭受到严重打击之时，季武仍然不离左右，一直奉陪。直至骆宾王决定返回义乌，两人不得不在洛阳分别，季武凭借着一身本领，受其伯父推荐留在了洛阳军中，时至今日，应当大有作为了吧。骆宾王这样想着，策马加鞭，已经距离季武军中不远了。到达了季武所在的驻扎地，正赶上季武完成一天的操练准备回家，眼看着对面骑马过来一人，定睛一看，原来是骆宾王！季武高兴得手舞足蹈，他赶紧跑上前去，拉住骆宾王的手，不住地问："我不是在做梦吧！"骆宾王此时也百感交集，多年不见，季武比原先更加结实有力了，好兄弟能久别重逢，是一件多么令人欣喜的事情！两人肩并着肩走进营帐，坐在炉火前，似乎有好多话要说，却又不知从何说起，一时眼眶都湿润了。接下来的日子里，季武带着骆宾王先去拜访了季武伯父季洪将军，当年在此停留，他对宾王赞赏有加，而且对其帮助极大，如今骆宾王自然是不能忘了当年季将军的大恩大德。随后两人又在洛阳城内闲逛一阵，感受当地的风土民情。更重要的是，骆宾王这一次的到来，正赶上这位挚友的大婚，再过几日就要举行婚礼，这当然是不能错过的，于是骆宾王便暂留洛阳。

在洛阳停留期间，一日，骆宾王陪同季武到城郊附近去拜访一位好友。伴着清晨微弱的晨光，两人骑马上路，没过多久就来到一处村屋近前。还没等下马，两人就已经听到院子里有舞剑的声音。骆宾王与季武互相看了一眼，跳下马，走到门口，叩响门栓，只见一位身材结实的壮年男子走了出来，他手握一支长剑，见到季武，便大笑了起来，豪爽地说："原来是武兄来了！快请进！这位是？"那男子同骆宾王互相抱了抱拳，季武也不客气，直接就牵着马进到院子里。落座之后，季武向两人互相介绍了起来，这个壮年男子，名叫张旺，平时性格豪爽不羁，做事我行我素，因此，人家都笑称他为"张狂"，因在家中排行第二，因此又称张二。这个张二，今年二十三岁，极为聪明，平时看上去好武好斗，实际上他更是文思敏捷，可谓文武双全。因为薄有家产，衣食无忧，所以喜欢以文武会友人，日子过得很潇洒。季武刚到洛阳军中，剑术了得，不久便在军中享有盛誉，并且很快在这一地区内外好武之人当中传开，于是张二特意到军中拜访，切磋技艺，不想二人竟一见如故，从此便成了亲密无间的好友。季武同样也曾无数次向张二提起过他那位文思泉涌的挚友骆宾王，并将他的传奇事迹都一一陈述，张二早就想结识此义士，无奈距离甚远，直到骆宾王再次来到洛阳，季武便迫不及待地将二位引荐相识。

一连几天，骆宾王与张二日夜相处，经常秉烛夜谈，像两位久别重逢的老友一般，讨论经史，切磋剑术，从张二身上，骆宾王看到一股年轻人身上少有的特质。他有才而不追名逐利，不同流俗但又不孤芳自赏。主流派或许会认为他离经叛道，不学无术，而像骆宾王这种人，则可从他的独特见解中获取广阔的见识。一日，季武、骆宾王、张二三人相约同行出城郊游，此时正值夏初，绿树成荫，风景极佳，游人也不多。三人一路前行，幸好又是层云遮日的天气，阵阵清风拂过，亦不觉得闷热，实在是夏日里难得的清爽天气。中午时分，三人来到城郊的清溪，路旁有一处山丘，上面林木葱茏，自然景色十分开阔，于是三人便把马拴在树荫下吃草，择路登上山坡顶，放眼远眺，只见清溪流水潺潺，远处还有农民在田野里劳作，一派忙碌景象。此情此景，使骆宾王顿时心境开朗起来，口中不禁吟咏起诗歌来。张二、季武也相继作诗，三人互相切磋，相谈甚欢。不仅如此，张二得知骆宾王的遭遇后深感同情，当他知道骆宾王这次来京洛想要再次出仕谋生的想法后，凭借着自己平日里结交的关系，为骆宾王奔走相荐，使骆宾王非常感激。

　　季武婚礼举行完毕，骆宾王正好想考虑接下来的仕途问题。恰逢长安的姨夫在这个时候突然寄来信件，说京城有人想要见见他。宾王一看到信，便知道是自己的才华得到了有识之士的肯定，他将信件给季武和张二看过之后，两人也为他感到高兴，尽管有些不舍，但前程更为重要，于是，在三月初的一天，骆宾王告别了挚友季武和张二，三人相互依依惜别，互道珍重。

2. 王府知遇，不负众望

　　没过多久，骆宾王便离开洛阳来到长安城。姨夫一家的接待，使骆宾王不胜感激，他代家母转达了对姨夫和姨妈的问候。随后又谈了自别后发生的一些事情，讲述了回义乌老家乡亲们的热情款待，以及回到家中成亲的经过。姨夫捋着胡须看到眼前这个成熟稳重的青年，已经不似当年初受打击时候那样垂头丧气，心中

大为欣喜。

　　这次姨夫特地写信催骆宾王来到长安，正是为了宾王仕途之事。姨夫的儿子张秉文，此前在秘书省做典书。平日里工作认真负责，再加上学识渊博，因此被新近提拔为校书郎。也因此认识了总管著作郎李坚，李坚平日喜欢结交一些有才华的贤士，经常写诗找来文人墨客进行点评，而对于偶然所得的佳作，更是爱惜有加。因此，一个非常偶然的机会，张秉文将骆宾王所寄来的此前为应试所写的拔解之作《上瑕丘韦明府启》《上兖州张司马启》两篇作品交给李坚欣赏。李坚看后大为震惊，问张秉文如何得来这样铿锵有力的美文。于是张秉文将骆宾王的事迹一五一十地讲述了出来，说他在七岁时候作《咏鹅》诗传遍了江南大地，被誉为"神童"，又说他精通史略，才思过人，在解试中拔得头筹，但可惜因为赴京考试时务策的时候言语中提到了"贰臣"之忌，故不得重用，否则一定飞黄腾达，取得功名。李坚听完张秉文的陈述之后，心中是又喜又悲，喜的是他又认识了一位才华横溢的有识之士，恨不得马上就见上一面，促膝长谈，讨论文章经史，而另一方面，他也为骆宾王这样的遭遇感到无限的惋惜和遗憾。从儒家道义上讲，骆宾王在论述"高节之士"中引用了历史上忠贞不二的例子是完全符合儒家思想要义的，而面对残酷复杂的现实，又不得不考虑主考官的个人感受，这样主观的评判本身就失去了考试的公平性，岂有此理！可是身在朝廷之中的他，对这种事情也不得不缄默不语，因此也只能捶胸顿足一番罢了。

　　不过好在李坚还是个仁义之士，当他听说了骆宾王的不幸遭遇之后，便记在心里，时时惦念着这一位怀才不遇的有志青年。李坚有个哥哥，叫李克，文武双全，为豫州别驾。此时豫州刺史

正是由唐高祖的第十六子、太宗的异母弟道王李元庆担任。李克平时在军中恪尽职守，道王李元庆很器重他。正赶上清明节时节，李克回家祭祖，在家中与弟弟闲谈之间，了解到了骆宾王的事情，大为惊喜，原来这个道王一直以来都是爱才好士，他精通文史典籍，平日里也多与有识之士来往，对于王府内的用人，更是以才气为一等要求。不久之前，府中一名记室参军致仕，道王叮嘱李克为他物色一位学识渊博，且诗文功底俱佳的名士充任。李克举荐了数人，均不合道王心意，这次回来，还为此事苦恼，没想到真是踏破铁鞋无觅处，得来全不费工夫！于是赶紧通知张秉文，尽快让骆宾王赶赴长安面谈此事。

骆宾王到达长安以后不敢怠慢，在姨夫的陪同之下来到了李府，李克、李坚初见到这位举止文雅又文质彬彬的才子，就觉得格外亲切，在言谈之中，骆宾王表现极佳，真可谓是贤德正士。骆宾王又将自己这些年所作的诗文呈上，两人看过之后，更是不住称赞，深感此人的确才思超绝，尤其是爱文好墨的李坚，更是有相见恨晚之感。兄弟二人一致认为，此人正是道王渴望得到的人才。因此，清明节祭祖一过，李克便携带着骆宾王的作品，先行回到了豫州。

到了任上，李克一刻也不耽搁地将此事向道王李元庆作了详细汇报，言语中还带着几分仰慕和赞美，并且将骆宾王的作品也一并呈上。李元庆看罢骆宾王的资料和所创作的文章之后，果然十分欢喜。对于这样一位有才识有修养的文人墨客，李元庆怎能将其拒之门外呢？况且这样一来，一是可以填补职务空缺，更重要的是在文史切磋方面，也多了一名和自己交谈议论的高手。不过记室参军一职，是六品官，骆宾王从未出过仕，一下子就赐这

么高的职位，恐遭到他人的非议，但此人才又确不可失，一时间李克也不敢置喙。李元庆思索再三，提出一个想法，军中此时确实缺少一名记室参军，不如先让骆宾王为王府录事，令其代行记室参军的职事，待其熟悉了府内各项事宜，能力提高之后，再将其转正。录事为九品上阶，为低级官员，王府可自行任命，这样就不会引人非议了。只怕是会暂时委屈了这位贤才，但如今也只有这一权宜之策了。李克听后大喜，心想着如今能有一官半职，也算是没有让骆宾王那一身本领弃之无用，凭借着他的才华，在不久的将来必定能得到升迁。于是便抓紧将这一个消息通过信函发往长安，并将道王这样安排的原委也一并写在信中转达。

李坚在长安一接到信函就赶紧叫来张秉文，并再次召来骆宾王。骆宾王听说道王李元庆同意招揽他入府做事，内心十分感激。李坚又将暂时只能屈就做九品低位官员的事情向骆宾王解释，他担心这样有才华的人，只能做九品小官，也是大材小用了。没想到骆宾王听后，思索了一阵，说："道王这样考虑是为了顾全大局，我一届无闻书生，之前又考试落地，刚入王府便安排给我六品官职实属不妥，道王说是让我做王府录事，实则是让我做记室参军，这也是对我的器重，我内心自然是感激这样的知遇之恩的。"李坚和骆宾王的姨夫对此也深表同意，就这样，骆宾王终于踏上征程，赶赴豫州准备上任。

到达任所，骆宾王带着李坚的亲笔信到王府找到李克。李克非常热情地接待了骆宾王，并亲自带他面见道王李元庆。李元庆见骆宾王一身儒雅之气，文质彬彬又透露出几分刚毅，便心生好感，知道自己选对了人。

在王府当中，骆宾王学习能力和洞察力都极强，很快便熟悉

了府内的各项事务。平日里他谦虚谨慎，因此周围人都很赏识他。经过了一个月的熟悉期后，李元庆安排骆宾王的第一项任务就是起草向朝廷汇报工作的文书，也就是《陈情疏》，目的是让朝廷了解这一年来豫州的各项发展状况，以及存在哪些问题。这是一项极为严肃而要求极高的任务，不仅需要有真实的情况分析，而且要提供准确的数据，同时又对文笔表述方面有非常高的要求，措辞恰当、忠恳，对存在的问题向皇上提出，力求得到朝廷的补助和支持。历来这道文书都应由记室参军来完成，而现在骆宾王虽然为王府录事，却实际做着记室参军的职事，因此李元庆安排骆宾王来完成这项艰巨的任务。为了不辜负李元庆对自己的期望，骆宾王决定用尽心力写好这份文书。接下来的日子里，他遍访相关部门，极力搜集一手的资料和数据，仔细地阅读分类，并将其分析汇总，遇到不懂的地方就向府内的上级请教，数日的时间，便将豫州这一年来的施政状况了解得清清楚楚、条理分明，待脑海里浮现出这篇文章的全貌之后，才选用典雅华赡的辞藻，洋洋洒洒、行云流水一般地一气呵成。随后他把这篇文章呈给李元庆，李元庆看过之后，竟发现不出一点纰漏，不住地称赞，并对身边的人说："得此人，乃是我之大幸啊！"

《陈情疏》上奏之后，果然使高宗眼前一亮，其所陈之事与朝廷派出的巡按史所考察的情况基本相符，政绩确实不俗，对朝廷的诉求也合情合理，高宗下诏嘉奖，并安排官员到豫州解决问题。受到皇帝的表扬与嘉奖，王府内部和豫州境内上下，都是皆大欢喜。李元庆心里当然明白这道奏疏的分量和其所起到的作用，因此对于骆宾王的才情愈发地看中了。

亲王出任州刺史，其下属的构成是两条平行的机关分支：一是王府内设的机构，主要负责处理王府相关事务，另一个是州设机构，掌管全州范围内的工作。李元庆本想借此机会提拔他，但是考虑到骆宾王刚刚入职不久，且升迁之事也不能由王府内全权决定，因此就只能暂时搁置下来，但平日里他对骆宾王处处提点，大概也是因为觉得有点亏待了他。就这样，骆宾王尽职尽责地做好本职工作，一做就是两年，在此期间，他从来没有提过升迁的要求，而是安于本分，李元庆全都看在眼里。

　　到了第三年春天，有一日，王府里迎来了重要使节，该使节乃是来自梁州都督府的王记室，而梁州都督，正是前隐太子李建成的儿子李福，时为赵王。赵王派人前来问候，并邀请道王手下的使者到梁州回访聚会游赏，饮酒赋诗。赵王历来好诗，听使者这样一说，李元庆心中盘算着，怕自己派出的人逊人一筹，到时候有失体面。这时李克向他推荐骆宾王，其诗名早已经在京、洛传诵，作诗的水平都是有目共睹，自然不会在赵王使者之下。因此李元庆安排此次由骆宾王为使者，带着两名助手，出发去梁州。临行前，李元庆嘱咐骆宾王说："此次去梁州，路途遥远，辛苦你了，但一路上山河壮丽，景色宜人，你尽可以抒发豪情壮志，多作些优秀诗篇，待回来之时我们好共同欣赏切磋！"在李元庆的心里，骆宾王的真正价值不完全在于完成某项政事，而更在于他文学才华的展示，让他担任这次出使任务，不但能够将政务很好地完成交差，更可以使他在沿途得到许多感悟，到时写成精美的篇章，日后更可为王府增光。

　　三人到达梁州，由王记室接待，然后引荐他们见赵王。赵王李福读了叔叔李元庆的亲笔信后，接受了礼物，并且将骆宾王一行安排到住所。李福从信上了解到道王此次派的是一个九品录事

当正使，由两名武士陪同来梁州，心里有些不解。王记室看出赵王的疑惑，遂解释说："虽然这个骆宾王只是个九品小官，但此人不可小觑，听说这个骆宾王在江南之地很有名气，他七岁便作《咏鹅》诗，曾经在长安、洛阳的诗会当中也有人曾经提起过他的著作，只是此人从前未曾出仕，再加上为人低调，所以声名不似其他有名望诗人为众人所知。"王记室将这些情况一一禀告赵王之后，赵王觉得叔叔既然能起用这样一个官员，必定是因为他的才华超众，而派其到自己这里来，想必也是要与我府内人在诗赋上一决高下，想到这里，不禁大笑起来。赵王吩咐王记室好生接待，并下令尽快安排游陀山寺，邀请骆宾王等人参加。

骆宾王到梁州的第三天，天气晴朗，四野呈现出一派明媚的春色。赵王率领王府和都督衙门的大批官员以及当地的诗坛名流，一同来到陀山寺，骆宾王等人也在王记室的陪同之下跟在赵王队伍的后面。初春时节的陀山寺外，满山已经泛绿，溪水已经从未融化的冰流之间潺潺流出，格外晶莹剔透，仰望天空，云卷云舒，阳光暖暖地照在山体上，已经可以听到周围有鸟儿的鸣叫声，万物呈现出一片复苏的景象。一路行走，大家来到了陀山寺内，寺僧奉上香茗，稍事休息之后，赵王宣布诗会开始。于是各界宾朋你看看我，我看看你，大家不约而同地捋须思索，有的闭目凝思，各自在组织着自己的诗句，力求一鸣惊人。骆宾王此时站在随行人员之中，作为一个九品官员，没有赵王的明示，他当然不敢造次，但此时心中也在酝酿着诗篇。王记室是赵王府出了名的作诗能手，这一次也不例外，他首先做了一首《从赵王春日游陀山寺》，大家听后，一时间掌声四起，赞不绝口。这时候赵王首先开口："诸位，前日道王派遣使者到我府来，特提到该使者才思敏捷，诗文造诣极高，此人姓骆，名宾王。下面我们有请他来为大家献诗一首如何？"赵王本来是想开个玩笑，他以为自己没有吩咐骆宾王入座，因此骆宾王就没有思考诗句，这样猝不及防地提问，他绝对答不上来，也算是先发制人了。没想到骆宾王不慌不忙地走到近前，向赵王以及诸位名流问候，想着王记室之前所吟之诗，又看了看这湖光山色，心里突然一动，就借着王记室的诗韵，提下一首和诗，名为《和王记室从赵王春日游陀山寺》：

> 鸟旟陪访道，鹫岭狎栖真。
> 四禅明静业，三空广胜因。
> 祥河疏叠涧，慧日皎重轮。
> 叶暗龙宫密，花明鹿苑春。
> 雕谈筌奥旨，妙辩漱玄津。
> 雅曲终难和，徒自奏巴人。

整首诗一气呵成，铿锵有力，顿时博得一片欢呼之声。尤其是那句"四禅明静业，三空旷胜因"更是令人称奇，将王记室诗中原有的禅意表现出来的同时，更注重对陀山寺的禅功事业大加赞赏。最后两句还不忘谦虚"雅曲终难和，徒自奏巴人"。意谓王记室的诗乃是"阳春白雪"，高雅之作，而自己的和诗只是低俗的"下里巴人"。王记室看过之后，不免感到惭愧，之前一直没把这个骆宾王放在眼里，如今真正见识到了他的才华横溢，心中不禁赞叹不已。而本来想要捉弄骆宾王的赵王，此时也是极为惊叹，不想自己身边一直享誉内外的大诗人王记室的一首诗，却没有盖过一个九品小卒的和诗，赵王一面大加称赞，一面打趣说："我这个叔叔，真是得了宝贝了！"

接下来，又有多位名士在席间发表了自己的诗作，大家相谈甚欢。就这样，在一片祥和声中，这次陀山寺郊游圆满结束，有专门的记录人员将各界名流包括骆宾王的诗歌都记录在案，进行编辑整理，最后结集成册。骆宾王在梁州停留了十日之后，深度考察了解了梁州的政事，对赵王所嘱托的事宜也一一记下。在此期间，王记室等梁州诗友还曾两次邀请骆宾王举行聚会，大家一起切磋诗文，王记室对骆宾王评价甚高。在离开梁州之后，两人一直有书信往返，成为了终生诗友，这也算是骆宾王此行最大的收获。

3. 婉拒升职，《自叙》陈情

骆宾王回到道王府，将出使过程中发生的事情一一向道王李元庆做了汇报，将诗会上所作的诗集带了回来给李元庆过目，还呈上了赵王的亲笔书信。赵王在信中写到了对骆宾王的极大赞誉，并称此人乃不可多得之人才，其文思泉涌，实属可贵，一定要重用方可彰显其才华，小小的九品录事实在是大材小用。并再三向叔叔提议若能将骆宾王提拔，以后必能成就大业。李元庆再看了一下当天诗会所作之诗，也颇为赞赏，赵王的评价确是名副其实，于是心里再次浮现出了想晋升骆宾王的想法。

唐初太宗时期，官员想要晋升的方法有许多，其中有一种就是毛遂自荐地写"自叙状"，写好后呈交给吏部，以此作为考察的一个参照物。这种做法源自唐太宗本人，在贞观十三年（639年）的一天，唐太宗对侍臣说："我听说，太平之后必然会有天下大乱，而在大乱之后，必然又会恢复太平，所以大乱之后，就是太平之运。若要想使国泰民安，唯有一个方法就是任用贤才。你们既然不知道如何任用贤才，我又不可能一一加以考察，这样下去是永远得不到贤才的。因此我现在提出一种方式，让人才自我推荐，你们觉得如何？"当时魏征对此表示反对，认为愚昧无知的人，都自以为了不起，时常打击比自己有才能的人。这样恐怕会助长世人攀比竞争的不良风气。因此这主张并没有作为一个全国性的制度确定下来，但是在朝廷内这种"自荐"的方式已经蔚然成风。而在李元庆看来，想要让骆宾王升职，写"自叙状"不失为一个体面而又相对正规的方法，于是将这个想法说给骆宾王听。

自从骆宾王落第之后，对于官场升迁之事就不甚在意了，这也是为什么他能安于平稳地做九品小官的根本原因。因此当李元庆想要让他写一篇"自叙状"来进行"自夸"的时候，骆宾王的反应却是不以为然。他的想法和魏征颇为相似，在职这么长时间，也看到了官场百态，许多人本来就缺乏自知之明，却极力地表现自己，自吹自擂，这一直是骆宾王鄙夷的做法，如今要让他自己也同流合污，他是不愿意的。因此，骆宾王最终坚持自己的信念，以铿锵有力的笔调，写出了一篇颇具个性的《自叙状》：

伏奉恩旨，令通状自叙所能。某本江东布衣也，幸属大炉贞观，合璧光辉，易彼上农，叨兹下秩，于今三年矣。然而进不能谈社稷之务，立事寰中；退不能扫丞相之门，买名天下。徒以黄离元吉，白贲幽贞，沐少海之波澜，照重光之丽景。虽任能尚齿，载弘进善之规；而观过知人，异降自媒之旨。是用披诚沥恳，以抒愚衷。

若乃忘大易之谦光，矜小人之丑行；弹冠入仕，解褐登朝；饰怀禄之心，效当年之用；莫不徇名养利，励朽磨铅。自谓身负管乐之资，志怀周召之业，若斯人者，可胜道哉！而循誉察能，听言观行，舍真荃而择士，沿虚谈以取材，将恐有其语而无其人，得其宾而丧其实。故曰。"知人不易，人不易知"。抑又闻之："知臣莫若君，知子莫若父。"诚能简材试剧，考绩求功，观其所由，察其所以，临大节而不可夺，处至公而不可干，冀斯言之无亏，于从政乎何有？

若乃脂韦其迹，乾没其心；说己之长，言身之善；腼容冒进，贪禄要君；上以紊国家之大猷，下以渎狷介之高节；此凶人以为耻，况吉士之为荣乎？所以令炫其能，斯不奉令。谨状。

骆宾王在文中说，自己只是一介布衣，因受到您的信任，得以在府中职事，如今已经有三年之久了。然而自己无德无能，没有治理国家的文韬武略，又不会为人处世，为您留得名满天下。承蒙您对我的恩典，如今才能进献自己的微薄之力，做一些小事。而今您让我自叙其能，我只能披肝沥胆，坦陈自己的想法。接下来骆宾王又在文中阐述了对于"自叙"的看法。他说，如果忘记了道德准则，容忍人的丑行，通过自荐来让人入朝为官，那么这些人在做自叙的时候，就一定会尽力自夸，从而隐藏自己的缺点和企图获得俸禄的私心。这些人只会大谈自己如何身负管仲、乐毅之才，胸怀周公、召公之志。如果听信了他们的一面之词，就予以任用，势必造成言不符实的后果，让这样一些善于吹牛自夸的人去做官，只会对国家造成巨大的危害。随后，骆宾王又阐述了"用人之道"，他认为任用一个人，一定要通过各种途径认真考察，知人善用，既要了解他的过去，又要考察他的言行，只有真正做到以大义为本的人，才是真正值得任用的人。最后，骆宾王自嘲似地强调，如果一个人粉饰自己的言行，隐瞒自己的真实意愿，厚着脸皮向朝廷索要俸禄，那么这样的人既扰乱了国家的秩序，又亵渎了君子的高节品质。连恶人都以他为耻，我又怎么能做这样的人呢？所以鉴于此，我不敢自炫所能，遂做此状。

　　李元庆在读了骆宾王这份《自叙状》之后，心情极为复杂，原本是一次极好的升迁机会，却引来骆宾王如此激愤的陈辞，甚至还用挖苦的语气贬斥那些通过"自叙"来获得官职的人。一向十分器重他的李元庆此时也有些不快，他认定骆宾王是个才思敏捷之人，但通过这一次的交流，李元庆感到，骆宾王的性格中还是有些恃才傲物，于是只得摇头做罢。自此以后，李元庆便再也没有向骆宾王谈及关于升职之事。

　　历史上对于骆宾王的这一做法，历来评价不一。有的人认为，骆宾王实乃人中之杰，他不为名所累，不为钱所诱，始终坚持着依靠个人的能力以光明正大的手段获得证明自己的机会。从一开始他对"行卷"嗤之以鼻的态度，直到作《自叙状》，甚至包括后来裴炎以钱财美色等物贿赂他，他始终都坚持着自己的信念毫不动摇，这是何等坚定的毅力。但从另一方面来讲，我们现代人在求职的过程中，招聘单位也时常会向应聘者索要"自荐信"，这种自荐的方式也并不是如同骆宾王所说的那样一无是处，它是用人单位了解应聘者的一个绝佳的途径。虽然这其中存在着夸张的成分，但是作为求得职位的一个重要环节，就是要让对方了解自己。因此，骆宾王在当时如此痛恨这种"自荐"的方式，未免有些偏激，如果当时他以更客观的角度去看待此问题，呈交一份在当时"标准"的《自叙状》，恐怕历史也就会为之改写。可惜，历史就是历史，性格决定命运，骆宾王的桀骜不驯正是他一生都不得志的最根本原因。

虽然骆宾王没有把握住，或者说不屑于把握这次晋升的机会，他的个人才能依然是不可否认的，这一点就连道王李元庆也毋庸置疑。因此，李元庆并没有就此冷落骆宾王，而依然待他如初，闲暇时分，还会把他叫到堂上，两人把酒话诗，经常切磋至深夜。

到了当年秋，朝廷下旨，派李元庆任滑州刺史。在临行之前，因为豫州新刺史还未到达，朝廷就暂时委派李元庆指认一名临时官员留守，李元庆遂将这项重要的任务交付给了李克，而骆宾王则是仍跟随李元庆一同赶赴滑州。临行前，豫州各级官员、父老乡亲纷纷前来送行，场面十分壮阔。十月中旬，李元庆率王府官佐抵达滑州，经过了一番人事调整之后，终于安顿下来，而骆宾王则仍然做他的府属。

临近年关，骆宾王虽然一直和家人保持着通信，但已经有四年没有回家，亲眷又不在身边，因此，李元庆特地准许他一个月的探亲假，让骆宾王回到兖州同家人团聚。滑州离兖州距离不甚远，差不多两天的时间，就已经到达家中。母亲见了儿子回来，十分高兴，骆宾王刚一进家门就跪在母亲身前，看到母亲的两鬓已经出现了青丝，脸上也浮现出来皱纹，那深陷的眼眶不知道是为儿子操心了多少个日夜熬成的……看到这一切，骆宾王不由得流下了泪水，在一旁的妻子见到此情此景也激动得流泪，就这样一家人在久别重逢之后哭成一团。韦超闻声也从府中赶来，如今他已经仕途圆满，平日以读书钓鱼为乐，日子过得也很舒心。听到骆宾王回家的消息，便迫不及待地带着韦夫人前来拜访，骆宾王怎敢受此大礼，赶紧将二位老人迎进屋内，将自己在京城所发生之事一一道来。闲叙一阵之后，妻子已经备好了饭菜，一家人其乐融融地度过了一个美好的夜晚。

春节将近，骆家因为骆宾王的回来而显得格外热闹。弟弟从王、尊王此时都已经长大成人，每日在田里躬耕，再将收获的粮食、蔬菜拿到集市上去卖，家里的生活也逐渐宽裕起来。妻子温柔贤惠，每日侍奉刘氏，同她作伴，虽然骆宾王在外奔波，她也始终不离不弃，深受母亲刘氏喜爱。就这样一家人欢欢喜喜地置办年货，装点屋舍，张灯结彩，贴春联，贴福字，大家忙得有条不紊，却都十分开心。

过完元宵，骆宾王便快马加鞭赶回滑州。滑州相比豫州发展得更好，平日里的政务也就相对少起来。作为王府录事，他每日的职责也就是负责文字工作，将日常事务做好记录，也无需和州设机构有过多的接触，就这样，骆宾王在滑州度过了相当安稳的一年的光景。

4. 辞官闲居，交友云游

直到永徽六年（655 年），骆宾王结束了他人生当中第一次出仕生涯，至于骆宾王为什么会选择辞官闲居，他的思想究竟是因何发生了如此大的变化？我们不得不提到当时的政治情况。

永徽四年（653 年）二月，朝廷内发生了一次重大变革。有人举报方州刺史、驸马房遗爱及高阳公主以及秦州刺史、荆王元景，安州刺史、吴王恪，宁州刺史、驸马都尉薛万彻，驸马都尉柴玲武等人串联谋反，一同被诛杀。据《新唐书》记载，此事震动了

整个京城，被诛杀和流放之人大多为驸马和亲王，房遗爱更是开国功臣房玄龄的次子，当初以其父亲对唐朝开国有功，故将高阳公主许配给他，任其为驸马都尉。房玄龄死后，其封爵由长子房遗直所继承，因此高阳公主有所怨言，遂诬告房遗直罪状，朝廷派人调查，认定此事是受房遗爱指使，联合高阳公主以及几位亲王驸马共同谋反，因此所牵连之人全部被诛杀。

这一事件一时令朝野之中风起云涌，各路亲王、驸马都认为这是在杀鸡儆猴。高宗在位不久，担心根基不够牢固，对于他来说，凡是有能力的亲王、驸马、大臣，对他都是一种威胁，因此才借此机会，以示威严。经过此事，皇亲国戚都立刻变得小心谨慎起来，彼此之间亦不再像从前那样公开联络交往。道王李元庆本是谨小慎微之人，至此以后，他也变得愈发低调，很少再参与诸王之间的政事往来，就连文士聚会也不再有他的面孔出现。而在这一年多的时间里，骆宾王再也没接到出使的派遣，除了起草文书、记录每日公事之外，再也没有其他事务，就连和李元庆见面的机会也渐渐少了起来。

除此之外，朝廷的另一大变革就是立武则天为皇后的问题。武则天为唐开国功臣武士彟次女，因姿色貌美，14 岁时入宫成为唐太宗的才人，最开始唐太宗对她宠爱有加，并且赐名"武媚"。唐太宗在位时，武则天做了 12 年的才人，地位却始终没有得到提升，后来唐太宗病重，太子李治探视期间与武则天建立了乱伦之情。到了贞观二十三年（649 年）唐太宗死后，武则天入长安感业寺为尼，李治即位后，因萧淑妃侍宠成性，皇后复召武则天入宫，企图"以毒攻毒"，这年武则天 26 岁。武则天回宫后的确迅速重获高宗的宠爱，第二年便升为昭仪，之后还生下了她的第一个儿子李弘。将先皇的女人重新接回宫，并做了自己的宠妃，这一切在大臣的眼里，简直是违反人伦至极的事，因此朝中议论纷纷。而武则天为了改变这种局面，便开始苦心策划，在朝中培植亲信，收买人心，另一方面开始动起了当皇后的念头。此时，王皇后和萧淑妃反倒结成一派，和武则天周旋于后宫，武则天工于心计，心狠手辣，最后她采取了极为恶毒残忍的手段：把自己的亲生女儿掐死，并以此嫁祸于王皇后。

计谋得逞之后，高宗一气之下把皇后打入冷宫，后来被武则天暗中杀死。于是，重新立皇后一事顺理成章地被提上日程，而武则天是当仁不让的最佳人选。但朝中大臣，无不知道武则天手段毒辣，野心勃勃，再加上考虑到武则天的身世问题，始终觉得不甚妥当，遂企图向皇帝直言进谏。当时朝廷以长孙无忌、褚遂良为首的很多元老大臣都反对唐高宗废王立武，褚遂良甚至以死力争，大臣们态度坚决，武则天方面的立后道路也因此充满艰辛。于是，武则天再次动用计谋，极力说服唐高宗，认定这些元老大臣是想借此控制高宗的权力，如果得逞，今后则要处处受制于这些老臣，这样一来，皇帝威严何在。遂献计，希望高宗借"废王立武"重振皇权，从而打击元老大臣势力。就这样，武则天开始成为高宗策划这场政治上的大变革。变革的最初，高宗重赏了首个明确支持立武则天为皇后的官员李义府，随后很多中层官员中形成了"拥武派"，打破了原来一边倒的局面。最后，功臣元老中的李勣说了一句"此陛下家事，何必问外人"一语中的，使高宗和武则天在废立皇后的问题上有了极为合理的托词。于是在永徽六年，高宗立武氏为皇后。

而在历史上，武则天在当了皇后之后的数年当中，做出一系列举动：残忍地虐杀了王皇后和萧淑妃，又让自己的儿子李弘做了太子，从此成了为高宗出谋划策，同时又监视国家大权的实际统治者。为了铲除后患，她又动用计策，采用先易后难的策略，先后罢黜了褚遂良、韩瑗、来济，最后除掉了长孙无忌。至此，高宗基本实现了君主集权，可以说"废王立武"事件对中国历史产生了非常大的影响。

皇权内部的变故，使得整个社会格局也都随之产生变化。对于各路皇亲来讲，虽然嘴上表示赞同，或者缄默，但包括李元庆在内，他们的内心自然是反对立武则天为后。这一点，武则天心知肚明，因此，这些皇亲恐怕也难逃其难。另一方面，这件事使骆宾王的内心受到了极大的震惊。祖父、父亲在世时，经常教导他，骆氏家族历代缙绅，从来都是以忠君效国为人生至高无上的信念，平时所受儒家思想教育熏陶，从小就懂得"学而优则仕"的信条，不仅如此，父亲遗愿更是希望骆宾王能功成名就，为国效力。然而，一路走来，现实与理想还是差距甚大，先是在初次考试中，就因主考官的个人主观原因使他委屈落第，在京洛看尽官场百态，各种弄虚作假的投卷行为使他不屑。而这一次朝廷的重大变革，使他终于明白什么叫做"指鹿为马"，那些颠倒是非黑白的政治斗争终究没有正义与邪恶的区分，所谓的政治，根本不像自然一样顺应天理，而是完全靠着人为的操作去控制，站错了队伍，结果可能就是自身难保。骆宾王对于这一套游戏规则似乎有着与生俱来的反感和排斥，他不会去阿谀奉承，更不会顺应统治者的指示"指鹿为马"，面对这样的情况，他宁愿采取归隐的方式，回到自然当中，过陶渊明那样的闲适生活。至此，骆宾王结束了他的第一次仕宦生涯。

永徽六年十一月，骆宾王离开了滑州，回到兖州家中，从此开始了他十二年的闲居生活。在摆脱了官场繁文缛节的羁绊之后，骆宾王终于获得了自由，于是不由得产生了一种"久在樊笼里，复得返自然"的轻松心态。接下来的日子里，骆宾王有了更多的时间去照顾家庭。自打结婚以来，骆宾王就马不停蹄地忙于仕途，已经很久没有和妻子小聚，此时也正是弥补妻子的时候。在接下来的一年时间里，妻子怀了孕，骆宾王的第一个儿子骆栓出生了。小骆栓出生后，父亲骆宾王更像是当年骆履元疼爱自己那样，对小骆栓照顾有加。虽然他经历的仕宦，饱尝人生艰辛，但是对于传统的儒家思想，在他看来是绝对不能摒弃的，因此，在骆栓的成长过程中，自然也是少不了儒学经典上的早期启蒙。再加上平日范氏也饱读诗书，骆宾王外出应酬之时，范氏就在家督促孩子读书，还经常会给他讲古代贤德之人的故事，栓儿渐渐长成如他父亲一般文质彬彬的小大人儿。

另一方面，兖州境内的一些地方官佐、士绅乡贤等有识之士早就听闻骆宾王的大名，趁着还乡的机会，都慕名而来，时常邀请他一道游山玩水，饮酒赋诗，"颇得闲居之趣"。精神得到放松，借着山水和美酒的感染，骆宾王的才情得到释放，创作热情也急剧大增。在闲居期间，骆宾王创作了出了一大批山水诗、咏物诗和抒发个人情感的文赋作品。比如这首《冬日宴》就是他在闲居期间所作：

> 二三物外友，一百杖头钱。
>
> 赏洽袁公地，情披乐令天。
>
> 促膝鸾觞满，当炉兽炭然。

何须攀桂树，逢此自留连。

这首诗大概的意思就是讲在闲居期间，约上二三个超然物外的好友，带上一点酒钱，和当年南朝的袁粲、晋朝的乐广一样，放浪形骸，尽情游赏。游赏过后，在温暖的炉火旁边，大家围坐一圈促膝谈心，开怀畅饮，不禁感慨，何必去攀桂附骥，应举求仕，受官场繁文缛节的束缚呢？有了这样的生活，自己已经流连忘返了！由此可知，骆宾王对此时生活的满足和欣慰。

桎儿聪明伶俐，深得大家喜爱，一转眼已经六岁。这一天，桎儿正在外面玩耍，忽然从远处策马扬鞭来了两个人。只见二人从马上下来，走到桎儿面前，蹲下来和蔼可亲地问："小朋友，请问骆宾王在吗？"桎儿瞪着两只大眼睛看了看来的两个人，一字一句地说："骆宾王是我爸爸，二位叔叔是谁？找我爸爸做什么？"两人听到这话不由得哈哈大笑起来，其中一人一把将桎儿抱起，乐得合不拢嘴，说："张二你快看，这是骆兄的儿子！如今都已经这么大了，看来我季武和骆兄已经有太久没有见面了！"骆宾王恰巧正在屋中，听到门外有吵嚷之声，便出来查看。这一看，可把他愣住了，他万万没有想到，来的人正是自己多年未见又朝思暮想的两位挚友季武和张二！三人相见，感慨万千，一时间竟激动得说不出话来。

范氏为远道而来的宾客准备好了一桌丰盛的饭菜，三个人今天势必举杯畅饮，酒酣方罢。季武如今已经被调到邓王李元裕手下任职，而此行正是跟随其到兖州任都督。邓王李元裕乃是李渊的第十七个儿子，一直以来都行事谨慎，因此，高宗对他仍然比较放心。席间谈到了当朝的政治，三个人都不禁摇头叹息，如今

高宗政权已经名存实亡，权力倾斜，都由武后一人总揽，朝廷内部官员都是如履薄冰，更不用说地方的官员了。骆宾王辞官之事，之前在信件当中三人已经互相通告了，如今再谈起，季武和张二都表示没有什么遗憾可言。尤其是张二，向来是豪爽之士，其一生所追求的是"欲出则出，欲隐则隐"的生活，对于骆宾王的明智之举他更是拍手称赞。

此次季武随李元裕回到兖州，他心里别提有多高兴了，张二一听有此等妙事，二话不说，也跟着跑来。李元裕对于骆宾王这个人也曾有耳闻，可见骆宾王在赵王诗会上的风采想必是已经远近闻名了。李元裕特意准许季武两个月的假期，一则是季武已经多年未回家，这次回到家乡任职，需要好好地同家人相处一段时间，再者李元裕同道王李元庆一样，对政治上的事，尽量避免接触，而此次到兖州当职，也不过是闲职，而属下季武也没有许多事物去处理。借着这两个月的时间，季武、张二同骆宾王商议，反正闲居在家也是无聊，不如三人一同出去郊游一番。栓儿已经懂事，完全可以由母亲照顾，而且三人又不准备远行，经过与家人商议，此事就这样定了下来。

这一次，三人是从兖州出发，先去德州。早就听说德州山川秀美，学风颇为纯正，历来古代贤士，都向往去德州游学，渴望感受那里纯朴的民风，同时可以在大自然中寻找创作的灵感，因此三人决定首先向德州出发。经过十天的行程，他们到达了德州境内，天色渐晚，忽然看见路的尽头仿佛有炊烟，走近一看，是一座陈旧的屋舍。骆宾王下马询问，出来迎接的是一位和骆宾王年龄相仿的人，气宇轩昂，一看就颇有才识。那人自我介绍说姓高名平，家中排行第四，所以人称高四。听说三位是从兖州而来，

想要游览德州，眼看着天色渐晚，于是就将三人留了下来。

晚间十分，四人在屋舍内酒后闲谈。言语之间，骆宾王等人发现高四绝不是平庸之辈，他不但看起来气质非凡，而且学识渊博，兴趣广泛，除了经史之外，甚至还擅长作诗。只是为人不拘小节，受不得官场繁文缛节的束缚，因此不愿出仕，又闻听德州乃是文雅之地，遂在此隐居，这一点和张二十分相似。交谈之中，四人发现彼此性情极为相投，都是一样的豪情霸气，都是一样的侠肝义胆，都是一样的不平则鸣，又都是一样好舞文弄墨。四个人促膝而坐，聊到了天亮时分竟浑然不知，仿佛是多年的老友一般。高四听说骆宾王等人此次来的目的就是要寄情山水，遍访名迹，自己又对德州一带颇为熟悉，遂在接下来的日子里，高四特意选择了几处平时都不为人所知的不俗之地，供骆宾王等人尽情赏玩。

炎炎的夏日里，骆宾王等人在高四的指引下游览欣赏了德州境内的历史古迹和山水形胜，期间也写下了不少诗篇。他们一路上走走停停，累了就寻找一片阴凉之地坐下来小憩，晚间则到就近的寺院里借宿。他们一路互相切磋学问，一路赋诗咏和，渐渐地彼此之间变得更加情投意合，凝结起深厚的友谊。骆宾王的那首著名的《夏日游德州赠高四并序》更是作于此时。诗中并没有太多对于两人之间友情的描述，而是用极其坦诚的笔调叙述了自己这些年的遭遇，以及自己真实的内心感受，深刻地表达出对友人的信任与真挚的情谊。而在此后的日子里，骆宾王与高四二人经常有诗信的往来，并且曾多次互相拜访郊游，他们成了终生的诗友。游览过德州之后，骆宾王、季武、张二三人同高四告别。随后三人又分别到了莱州、登州等地，游蓬莱仙境，后又经北海，到淄州，最后回到兖州。此时季武假期将满，必须赶赴任上，停留数日之后，张二也返回了洛阳。

接下来的日子里，骆宾王又经历了江南之行，蜀地之游，一路赏扬州美景，观蜀地风情。这些外出游览的经历，也成为骆宾王创作生涯的第一个高峰。似乎这种怡然自得、我行我素的本真生活，才是真正符合骆宾王的个性。说到骆宾王的个性，我们不得不提到他在闲居过程中替人打抱不平的事来。骆宾王有一首诗《代女道士王灵妃赠道士李荣》，大约作于闲居游蜀地期间。是一首写男女道士恋情的七言长诗，表达了男方身处繁华之地，春风得意，而女方则自己单独一人，寂寞冷清的闺怨之情。在历史上，李荣乃是唐初著名的道教学家，自称蜀人，早年便开始学道。大约于此时，受到高宗征召，自蜀中投奔长安。在蜀中与他有过交往的著名诗人卢照邻曾以诗相赠："锦节衔天使，琼仙驾羽君。投金翠山曲，奠壁清江渍。圆洞开丹鼎，方坛聚绛云。宝觌幽难识，空歌迥易分。风摇十州影，日乱九江文。敷诚归上帝，应诏佐明君。"赞扬李荣的道术与文采。而女道士王灵妃，应是李荣昔日在蜀的恋人，李荣应召北上，将王灵妃独自一人弃之于蜀地。骆宾王听闻此事之后，深为王灵妃感到不平，于是作此诗，诗中强烈地反映出骆宾王对女性问题的关照。诗中有一段言：

　　　　不能京兆画蛾眉，翻向成都骋驷引。青牛紫气度灵关，尽素虵鳞去不还。连苔上砌无穷绿，修竹临坛几处斑。此时空床难独守，此日别离那可久。梅花如雪柳如丝，年去年来不自持。初言别在寒偏在，何悟春来春更思。春时物色无端绪，双枕孤眠谁分许。……君心不记下山人，妾欲空期上林翼。

这首诗将女性独守空床，翘首企盼的情形表现得淋漓尽致，描写出女子在春日里，面对着满眼的复苏之景，却等不到心仪之人的归来，只得孤枕独眠的凄惨之状。骆宾王以王灵妃的口吻，抒发内心苦闷，一方面隐晦表达对方的忘情负义，一方面抒发内心的刻骨思念，这体现出了他对妇女命运的关注。而事实上，李荣也确实在到达长安之后，再也没有重新返回蜀地与女道士王灵妃重逢，王灵妃的命运，我们最终也不得而知了。

在这段兖州闲居、四处郊游的漫长岁月中，骆宾王感受到了山河的气度，更收获了人生中不可多得的真挚友谊，将自己的个性发挥到极致，比起那繁文缛节的官场生活，以及那些仕宦途中的种种秽行，这简直是世外桃源一般的生活。

四、再度求仕与边塞生活

1. 干谒求仕，上书求荐

随着时光的流逝，骆宾王赋闲在家已经有将近十年的光景。一直以来在骆宾王生活中相陪伴的那些悠游山水、诗歌酬唱的朋友，在十年的时间里，都有了各自的归属。他们中有的踏上仕途之路，有的则晋官升职，离开兖州，也有的投笔从戎，总之大家纷纷离开了齐鲁之地。骆宾王从来也都是个不甘寂寞之人，面对众多伙伴的散去，他的心境也一天天落寞起来，再闲适的生活，过久了也会觉得平淡无味。这些时日，他虽然闲居，但是对于朝廷之事，也依然时时关注，可见骆宾王依然心系国家，只是苦于报国无门罢了。现如今母亲一天天老去，儿子又渐渐长大，经济方面的开支也是越来越大，仅靠躬耕来养家，恐怕是要日渐拮据。《秋日送别》一诗描述的就是骆宾王这时的处境和心绪：

> 寂寥心事晚，摇落岁时秋。
> 共此伤年发，相看惜去留。
> 当歌应破涕，哀命返穷愁。
> 别后能相忆，东陵有故侯。

拿这首诗和他当年刚辞官归隐时所做的《冬日宴》相比，可以看出骆宾王的心境发生了很大的变化。当年那种闲适的情趣不见了，代之而来的却是寂寞与悲凉，年事渐高，头上增加了不少白发。在一个西风吹落叶的深秋时节，又一个朋友离他而去了，此情此景，怎能叫他不伤心落泪？如今他的处境已经穷愁潦倒，但他仍旧苦苦坚持着。一家人的生活越来越难以为继，他种了几亩地，想借此维持生活。但读书人以农为生，谈何容易？最后终于到了"糟糠不赡，审算无资"的地步，连粗菜淡饭也吃不上了。特别是母亲年岁已大，经常卧病，自己身体也不好，确实到了山穷水尽、走投无路的境地。

为了不辜负家人，为了大家能够更好地生活下去，经过再三思虑，骆宾王终于改变初衷，再度谋仕。像骆宾王这种情况，要想出仕，可以通过每年各地向朝廷的举荐，通过对策者方可获得官职。而这举荐，有两种途径，一是通过京、洛官场有名望之人举荐，将他的简历向当道呈请，二则是以布衣身份向官员呈书毛遂自荐，两种途径汇总后，由朝廷核准后获得官职。骆宾王的性格我们大家都已经熟悉，他一向排斥那种通过"关系"举荐而不考虑一个人真正才华的方式获得高官厚禄的行为，而如今为生活所迫他不得不外出谋仕，自然还是要凭借他个人的本事，因此他选择了以布衣身份自我举荐。

时任司列少常伯的李安期，为人贤德，爱才好士，在兖州一带很有名望，每年通过他举荐到朝廷内任职的人都很多。因此骆宾王首先作了一篇《上李少常伯启》，将自己想要出仕的愿望原原本本地表达出来。文中提到：

宾王蟠木朽株，散樗贱质，墙面难用，灰心易寒。退无毛薛之交，进乏金张之援，块然独居，十载于兹矣。然而日夜相代，笑沟壑之非遥；贫病交侵，思薜萝而可托。欲乘幽控寂，进绮季于青山；乐道栖真，从鲁连于沧海。幸属舜门广辟，汉币交驰，遂得伫啸高邱，应箕文而动韵；聆吟大野，浮艮岫以流阴。将恐在藻纤鳞，终寡登龙之望；栖榆弱羽，徒仰抟鹏之高。所冀曲逮恩光，资馀润于东里；袭承导引，托轻梦于南柯。抚己多惭，循躬增惧。

说明了自己过了十余年闲居的生活，但依然心系朝廷，并表达了希望得到援引从而晋身仕途、建功立业的愿望，与此同时还随信件奉上了自己多年以来的诗文作品，以展示自己的才能。李安期看到这封《启》以及骆宾王的作品之后，深为震惊。如今文坛能有如此般才华横溢却不得重用的人，实在是遗憾，但仅凭借着他个人的力量，想要推举他人恐怕还是有一定困难。因此他建议骆宾王以布衣之身份，通过自己的能力，同时向其他京城官员上书自荐，以确保万无一失，并建议骆宾王亲自到长安。

于是42岁的骆宾王再次辗转来到长安，暂住在姨夫家里。经过李安期的指点，骆宾王上书当时的司列太常少伯兼右相刘祥道，作《上司列太常伯启》诉困陈情。在这篇《启》中骆宾王提到，曾经在"搏羊角而高骞，浩若无津；附骥尾以上驰，邈焉难托"的情况下，本有归隐之心，但却"幸属乾坤贞观，乌兔光华；嵩山动万岁之声，德水应千年之色。虽无为光宅，欣预比屋之封，而有道贱贫，耻作归田之赋。于是揭来瓮牖，利见金门，指帝乡以望云，赴长安而就日；美芹之愿，徒有献于至尊，蟠木之姿，谁为容于左右！"以谦虚的态度表达了自己不甘憔悴于圣明时代，愿为王左右，建功立业的心愿。文中还提到了自己从弱岁开始，就讲求操节，不图声明，中年以后，不求闻达的品质："某蓬芦布衣，绳枢韦带，自弱龄植操，本谢声名；中年誓心，不期闻达。上则执鞭为士，王庭希干禄之荣；次则捧檄入官，私室庶代耕之愿。"可谓言语真挚，感人肺腑。又上书廉察使，作《上廉察使启》，其中主要表达了为亲求仕的真挚愿望，说自己在年少读书时，读到古人孝敬父母，就会感动得流泪。乌鹊尚有返哺之恩，更可况是有志男儿，为了让母亲生活安心，自己力耕东皋，尽心农事，却仍然摆脱不了贫困的境遇，内心总有愧疚之感。因此希望能获得引荐提携，只为报答养育之恩，并非贪图荣华富贵。随后骆宾王将自己的诗文作品连启文一同呈上。

其实早在骆宾王初仕阶段，他的名声就已经享誉京洛了，一是因为他童年时被誉为"神童"的传奇经历，二是因为当年在赵王府以一首诗力压群芳。再加上这些年，骆宾王在闲居和四处游赏之时，也认识了不少来自京洛的文人墨客，大家在一起举行的郊游、诗会活动中，骆宾王在其中表现不俗，甚至有许多当时京洛的大家向他索求真迹，因此骆宾王的诗文作品，在京洛早就已经传诵开来。但因骆宾王是以布衣身份上书求举荐，所以除了李安期之外的其他官员，骆宾王并不熟悉，而这一次的毛遂自荐，骆宾王也依然奉守着自己的原则，绝不以卑劣手段获取功名，凭借着一身的光明磊落，骆宾王对自己的未来又一次充满了信心。

呈交了自荐启文之后，距离发榜还有半年多的光景。如果返回兖州日后再来，恐怕要耽搁很多时间，于是姨夫将骆宾王留在了长安城。自上次别后，骆宾王离开长安又是将近十年光景，姨夫和姨妈如今都已经苍老，趁着这一段时间留下来也好照顾照顾他们二老的生活。此外骆宾王之前结识了一批京洛的文人墨客，大家知道他来长安的消息，一直都希望找个机会欢聚一番，正好借此机会何乐而不为呢？

2. 再遇旧友，代为封禅表

这一天骆宾王正在姨夫家中看书习字，突然收到一封长信，写信之人名叫员半千，骆宾王一听急忙放下笔墨外出接信。这个员半千乃是骆宾王闲居出游时所结实的一位故交。当年骆宾王正在码头边上的一处窄亭内和一班风雅之人饮酒赋诗，期间偶然瞥见在不远处有一年长者和一年轻人，两个人似乎在讨论经学，骆宾王忽然来了兴致，又不方便打断，便在一旁侧耳细听。当此时，年长者背出一句《尚书》中的文字，而年轻人正准备接下句，或许是骆宾王听得太入神，竟以为自己也参与其中，于是忍不住将那句脱口而出。两人闻声吃了一惊，转过身来，看到眼前这位气度不凡的男子，一同拱了拱手说："请问足下大名？"骆宾王笑着说："在下江南骆宾王，刚刚听二位讨论五经，听得入了迷，才不禁脱口而出，实在是多有冒犯！"于是骆宾王将二位请到聚会当中，经二位自我介绍，骆宾王知道年长的叫员半千，乃是齐州全节人，而年少者则是后来被称为"初唐四杰"中的一"杰"卢照邻，乃幽州范阳人。二位都是著名大学问家王义方的生徒，此次乃是游学外出。攀谈之中，骆宾王了解到，卢照邻出身幽州名门望族，家境极为富有，家中排行第二。卢照邻从小就聪慧过人，同骆宾王一样，在八岁时因一篇赋文被家乡誉为"神童"，所以父亲对他格外器重，十岁时将他送到王义方门下学习经史，如今他虽然不到二十岁，但已经是精通文史，德才兼备了。而员半千的经历则更为传奇，他原名余庆，早年父亡，由伯父抚养。自幼熟通经史，客居晋州时，被举为童子，后来拜王义方为师，才识过人。王义方由此赞赏他说："五百年有一贤者降生，你对此当之无愧。"因此改名为"半千"。王义方门下才彦济济，员半千自恃才高，自觉无人能与他同列，却只对比他年轻的卢照邻不敢轻怠，所以两人关系甚好，平时经常在一起切磋学问，有异议时二人又互不谦让，有时竟为一字一句争得面红耳赤。而此次两人外出游历，偶遇骆宾王，经过一番深入的交谈，员半千深感骆宾王于才于德都与自己并驾齐驱，不禁有了再遇知音之感。但员半千性格本来就骄纵自大，因此言语之中也多直率豪放，骆宾王深知员半千本性如此，也对此并不介意，于是二人的友情，在那次郊游偶识过后也一直延续下来。

而后来的卢照邻，因为才情并茂，一开始的仕途就很畅达，二十岁左右就当了邓王李元裕的典签，李元裕很器重他，将王府的十二车书都供卢照邻阅览，更把卢照邻比作司马相如，足见其对卢照邻的赏识。卢照邻性格当中也有自恃才高、目中无人的一面，因此他在蜀中做官时，因看不起那些无才无德全靠举荐上位的官吏，而被奸佞小人所诬陷，险些丧命。丢官之后不久，他便抑郁中风，卧床不起，家中遍访名医，几乎将家财全部耗尽，最终他无法承受病痛折磨，六十岁前后即投水而死。

话说回来，收到员半千的来信，骆宾王简直高兴至极。得知骆宾王再次入长安求仕，员半千很是高兴，说了一些寒暄的话之后，员半千提到了自己之前的遭遇。因其性格强势，又自觉无人能及，因此在政治上他也是急功近利，很想迅速在朝廷中证明自己的能力。然而这些年他一连参加八科考试，都得高第，但朝廷就是没有重用他，于是他一怒之下直接向高宗皇帝上表自陈。员半千上书说，曹子建七步可以成诗，自己也不在他之下，论作书启檄文，自己绝不亚于枚乘之子枚皋，期待陛下能召集天下才子，与其并试，如果成绩有在其上的，则宁愿被陛下斩首示众。员半千在天子脚下竟然可以如此叫板，足见他对自己才华的极度自信。这样冒险地求仕，结果却并不令他满意，皇上没有杀他，而只是给了他一个不高的官职，一身抱负仍旧不得施展，于是他内心十分不平。骆宾王读后十分感慨，而对于他以激将求仕的冒险做法，也是替他捏了一把冷汗。于是，骆宾王便写下一篇《答员半千书》，在其中言明了一些大丈夫应懂得进退的道理，对员半千过分自负的做法提出了批评，在信的最后，又动情地表明了两人之间真挚的友谊。

这封信发出去之后不久，骆宾王就再次收到员半千回信，除了对仕途之事谈了一些看法之外，信中更是提到了一件非常重要的事情。高宗在武后的提议下，不久将准备举行泰山封禅大典，朝廷除了要求身居泰山脚下的齐州百姓陪着奉祀之外，更提出命齐州官员派人作一篇封禅表文，进献皇上，以表忠心。员半千自幼客居齐州，才识过人，当地官员遂将此任交予他，员半千上书皇上却石沉大海，心中一直懊恼不已，因此婉言拒绝。但员半千想，若说才识德行，可为此篇章者非骆宾王莫属，于是向当地官员举荐。此时骆宾王的名号早已经享誉齐鲁大地，官员一听，立即拍手叫绝，于是员半千再次致信骆宾王。

泰山封禅，按古制只有"盛世有德"的皇帝才可行封禅之礼，它代表着臣民对皇帝至高无上的评价。自汉武帝之后，历朝天子都未再进行过此般大礼，原因就是认为条件未备，恐践踏了祖宗的圣灵。而隋文帝统一中国，朝野以为盛德空前，因此建议封禅，但隋文帝却认为自己的功绩与先祖比起来相差很远，因此车驾到了兖州，却没有登上泰山，只在泰山脚下拜祭一番便返回。贞观初年，天下大治，群臣上言，请求封禅泰山。太宗以为只要天下太平，即使不封泰山，也可在百姓心中成为圣明之君，遂没有行封禅之仪。历代君王，对于泰山封禅，向来是看得无比神圣，而高宗登基以来，政治上不但没有大作为，在处理后宫之事上也是漏洞百出。但此时的高宗，也不过是武后的傀儡，在武后好大喜功的怂恿之下，高宗昭告天下，欲行封禅大礼。可见武后对于天下的野心，并不在于封后上，而更在于借高宗之力昭告天下自己的权威。

朝野之间的明争暗斗无时无刻不牵动着底下的臣民。无论如何，这一次封禅大礼，又要劳师动众，劳民伤财了。员半千将此事通过信件的方式通达骆宾王，并希望其速速到达齐州受命。骆宾王受宠若惊，不敢怠慢，向姨夫说明情况后，便策马加鞭，日夜兼程，赶往齐州。见骆宾王到来，员半千赶忙迎进家中，虽有书信沟通，可总不及见面聊得痛快。两人品茶谈心，将这些年所发生的种种变故一一细数，骆宾王又将此次迫于生计不得不再入长安觅职一事说与员半千，对于仕途，员半千虽然一直不甚得志，但他依然力主骆宾王出仕，而说到自己的经历，两人又觉得世事都很无奈。

接下来的日子里，骆宾王随同员半千来到都督府，高主簿将作封禅表一事正式委任给骆宾王。高主簿非常欣赏骆宾王的才华，还劝其要把握好这次机会，让高宗发现其作文的超凡能力，必将委以重任。带着齐州父老的期望，以及对这次绝佳展示才华机会的期待，骆宾王便开始构思表文。向皇帝上一道表，而且只是要求陪祀泰山，本不是一件难事，但因为上上下下对这一盛典的虔诚，骆宾王也变得极为重视起来。经过反复思忖、再三斟酌，最后骆宾王将一篇极其典雅同时又引经据典、恭谨严密的《为齐州父老请陪封禅表》完成，全文如下：

　　臣闻元天列象，紫宫通北极之尊；大帝凝图，玄猷畅东巡之礼。是知道隆光宅，既辑玉于云台；业绍禋宗，必涂金于日观。伏惟陛下乘乾握纪，纂三统之重光；御辨登枢，应千龄之累圣。故得河浮五老，启赤文于帝期；海荐四神，奉丹书于王会。瑞开三脊，祥洽五云。既而辑总章之旧文，绍辟雍之故事。非烟翼较，移玉辇于梁阴；若月乘轮，秘金绳于岱巘。

　　臣等质均刍狗，阴谢桑榆。幸属尧镜多辉，照馀光于连石；轩图广耀，追盛礼于枌金。然而邹鲁旧邦，临淄遗俗，俱沐二周之化，咸称一变之风。境接青畴，俯瞰获麟之野；山开翠屺，斜连辨马之峰。岂可使稷下遗氓，顿隔陪封之礼？淹中故老，独奉告成之仪？是用就日披丹，仰璧轮而三舍。望云抒素，叫天阍于九重。傥允微诚，许陪大礼，则梦琼馀息，仰仙阙以交欢；就木残魂，游岱宗而载跃。

　　表文开头将皇帝的盛世功德大加赞誉一番，之后又对泰山封禅的现实意义按照朝廷的意愿做了剖析，最后提出了齐州父老请求陪祀封禅大典的意愿，言语真挚又不失文雅。

　　骆宾王完成此表文之后即交给员半千以修正，员半千找来了齐州境内的一批文人雅客来共同欣赏，大家看后无不击节称赞。到了十二月，高宗率领封禅臣僚来到齐州，齐州官员将骆宾王代为起草的这一篇表文奉上。高宗阅后大喜，立即下诏同意齐州父老参加陪祀事宜，并减免一年赋税。获得这样的恩典，齐州上下的百姓都欢喜不已，对于骆宾王的笔墨功力也是更加地肯定。至此，骆宾王在齐鲁大地乃至京洛之间的名声就更是无人不知，无人不晓了。

3. 奉礼京城，职微礼繁

告别了齐州父老，骆宾王再次返回长安。到了第二年春天，朝廷终于下达了各地举荐并通过审核入朝对策名单，骆宾王凭借着他为齐州百姓所作的《为齐州父老请陪封禅表》，以及他一直以来的出众才华，在对策中以极高的成绩入选。但尽管如此，经过主考官员的评议结果，仅仅授予他一个太常寺奉礼郎的职事。在唐代官员品级分为九品三十阶，从一品到九品，一品至三品只有正、从之分，四品至九品则除了正、从之分外，还有上、下之分，而奉礼郎则为从九品上阶，位列二十九等，是倒数第二位的末僚。我们不禁奇怪，像骆宾王这样享誉京洛的名人为什么只获得了如此低等的官职呢？按照一般的说法，原因之一是因为参加对策录用的人中，绝大多数授予的都是八九品的小官职，骆宾王自然也不能例外；二是有人提出骆宾王早年有罢官的不良记录，因此要降级；三则是因为宫中正好缺一奉礼郎，而骆宾王又精通《三礼》，因此就将这个微末的官职授予了他。

对于这样一个职位，如今骆宾王并没有像初次应试失败时那样心存不甘，正如他所说，出仕只为报答父母之恩，并不图荣华富贵。虽然官居低位，也算是凭借着自己能力获得公正评判了，于是骆宾王欣然接受了这一份职位。但自此以后，骆宾王也在不知不觉中开始了他人生当中又一轮多灾多难的仕途生涯。

奉礼郎的职责是负责朝会祭祀时一些物品的摆放，主要包括君臣牌位以及各种祭祀器皿等等。因为这种朝会和祭祀并不是每天都进行，只是在规定的特殊节日下才有这样的活动，因此，任务不算太重，但是具体的工作内容则必须非常严谨而又繁琐。牌位和祭祀的陈列有先有后，不能错乱，要求非常严格。另外举行朝会祭祀的时候，在位者的跪拜礼节，也由奉礼郎安排引导。有时候要有猪、羊等牲口供奉，因此时间先后、次序排列也是奉礼郎的职责。与此同时，春秋两季节，公卿巡陵、仪仗鼓吹的礼节也由奉礼郎主持。总之，凡是朝会祭祀、各种祭祀品、仪仗、鼓乐都由奉礼郎安排和引导。祭祀在皇室看来是非常神圣的活动，因此这些物品摆放、各种行动的时间、先后次序等都不能出一点差错，否则就会以大不敬的罪名获得惩处。骆宾王原本以为自己不图高官厚禄，朝廷能有这样的机会，便好好地施展一下自己的抱负，但真正到这里职事才发现，他终日与这些繁琐又教条的事物打交道，根本与所谓的理想抱负不占半点关系，反而荒废了自己最擅长的作文能力。骆宾王本是不拘小节之人，如今却要每天处理这些细小事物，他必须要小心翼翼，如履薄冰，渐渐地感他到了一种无形的压力，心想这根本不是他所能从事的职位啊。从前在道王府时，公事很少，每天就是抄录檄文以及日常文书誊写等事务，而且道王李元庆又是一个大度之人，对于政事并不要求十分严谨，闲暇时候，两人还有时间在一起讨论文学，饮酒赋诗。现在回想起那一段日子，虽然职位不高，但也总归是自己擅长的事务。如今虽然在天子脚下，但万事都要小心谨慎，因此他深深地感受到了束缚之感。但是迫于生计，之前为此事又费尽周折，想到这也不得不委曲求全。今天当我们回顾历史时，再看到那时名震京洛的文坛之杰骆

宾王竟被每天的繁文缛节所禁锢住，实在是不能不感到惋惜，不过一个人的命运如此，我们也只能同情和无奈罢了。

在中国古代文学史中，唐朝可以说是诗歌发展的顶峰时期。而这一气象在初唐社会稳定之后，便逐渐显现出来。初唐时期随着社会气象的日新月异，在朝廷内部官宦士大夫阶层以及长安城内的贵族中，兴起了一股写诗歌来颂功德、粉饰太平的浮华诗风。其特征是形式上承继六朝遗风，文辞特别绮丽，内容却是清一色的赞美和歌颂，用来粉饰社会现实，这类诗歌创作的领导人物就是上官仪，这种诗风在当时被称作"上官体"。直到上官仪去世，"上官体"的统治地位才日渐消退，影响逐渐减弱。当年骆宾王曾参加过上官仪所主持的诗会，并按主持者的意愿写了一首五言诗《赋得白云抱幽石》，这是他一生中难得的一首"上官体"风格的实践，因得到了上官仪本人的高度赞赏，在诗坛广为传诵。但是骆宾王当时在诗会之中只是小人物，写这首诗只为了应景，而从他的个人的创作风格来讲，他自己其实并不喜欢这种浮华艳丽的风格，因此在一般诗人的眼中，骆宾王并不被列为宫廷诗派，而是离经叛道的自由诗人。如今长安城内诗赋集会蔚然成风，凡一有空闲，在长安贵族的场院内，以及长安城周围的近郊，都可以看到成群的集会，一时间各种不同风格的诗歌相互竞逐，可谓是"百花齐放，百家争鸣"。

骆宾王这几个月中虽然在工作上如履薄冰，但是他的工作却做得很细致周到，因此得到了一定的肯定，再加上闲暇之时经常赶赴京洛诗会，一来二去他在文坛的声誉也大增，于是有人提议推举骆宾王为弘文馆学士，即东台详正学士。该部门属于门下省，学士没有固定的数额，历来由文史界成就显赫的贤良充任。职责是负责详正图书、教授生徒，同时又参与朝中大事的商讨和策划，这个职位一直为人所羡慕。虽然骆宾王在诗会中结交了许多名流之士，但光靠一般人的推举想获得学士头衔十分困难。于是有人提议，上书裴行俭。裴行俭乃是当朝礼部尚书，兼右卫大将军，在朝廷内威望很高。其为人秉性刚直，甚有文才，位居高职又知人善任，于是骆宾王便大胆向裴行俭上书，请求得到重用。裴行俭早就听说骆宾王的名字，这一次，在裴行俭等人的力荐之下，骆宾王终于在出仕奉礼郎半年之后，被聘为东台详正学士。

于是在接下来的日子里，骆宾王一边担任九品奉礼郎职务，一边兼职着东阳详正学士。日子稳定以后，骆宾王打算将母亲和妻儿接到长安来住。在与友人商议过后，在友人的推荐之下，骆宾王在长安城东浐水滨寻了一处老宅，置办好一切后，他利用闲暇时间，将母亲妻儿从兖州接到了长安城。金秋时节，天高气爽，骆宾王一家人在浐水之滨的农家院中终于团聚。自父亲去世至此，骆氏一家一直在兖州过着寄居生活，现在一家人终于可以摆脱别人的接济，欢聚一堂，大家都十分开心。

就在骆宾王定居浐水之滨之后不久，一天，高四带着一个人前来造访。骆宾王和高四这一对一见如故的老朋友已经多年未见，如今好不容易能够相聚，更是要开怀畅饮一番。酒席之间，大家频频举杯，互诉衷肠，高四听说了骆宾王再次来到长安城做了奉礼郎，自己在洛阳也是闲来无事，于是借此机会特来祝贺。酒酣过半，骆宾王也将自己在长安的情况说了出来，不免抱怨了为奉礼郎工作的枯燥繁琐，言语中透露出许多无奈。

此次同高四来的还有一人，此人年约二十，气宇轩昂，风度翩翩，高四介绍说此人名叫宋之问，其父宋令文，与骆宾王早就熟悉。宋令文乃是当朝左骁卫郎将，有神力，工书，善文，时称

"三绝"。宋令文亦为弘文馆学士，曾在一次聚会中与骆宾王相识。其子宋之问同高四一同前来，骆宾王不觉有些惊讶，原来宋之问之前在游洛阳的某次诗会中与高四相识并结下了不解之缘，而宋之问一早又听说骆宾王的大名，此次听说高四来到长安要见骆宾王，于是便一同前来拜访。交谈之间，骆宾王觉得宋之问才华横溢，气质不凡，渐渐喜欢上这位年轻人，晚宴结束，大家已经交谈得十分亲密。

高四此次来长安，停留了四五天，宋之问也一直在伴游之列，骆宾王介绍他们和一些诗界好友见面，并举行了一次盛大的聚会，这次诗会中大家以反对"上官体"浮华之风力求清丽自然的诗风为宗旨，创作出了一批极为优秀的作品，最后汇编成集。也正是在这次聚会中，骆宾王与刘希夷、李峤、苏味道、沈佺期、杜审言、王勃、杨炯等人第一次见面。看到这些才华横溢的年轻人，骆宾王虽然此时已是年过半百，却也觉得精神焕发，喜悦之情更是不胜言表，他仿佛看到了未来诗坛的繁荣景象。后来的诗坛当中，李峤、崔融、苏味道、杜审言四人齐名于时，被称为"文章四友"。 而王勃、杨炯都出生在高宗永徽元年（650 年），虽然和骆宾王相差将近三十岁，但两人资质聪慧，并不逊色于骆宾王，后期在文坛之上更是形成了王、杨、卢、骆"初唐四杰"的名号。

这一次诗会过后，骆宾王在文坛上的名声扶摇直上，但对于工作，骆宾王依然表现出一种不适应，不情愿。随着时间的流逝，骆宾王重回长安城已经是第三个年头，奉礼郎的职事没有变化，日复一日地重复着朝会祭祀的机械活动。于是他决定再次上书裴行俭，提出希望"两考"后能改变一下工作环境。唐代官员一般每两年考核一次，改调提升都在考核之后进行。裴行俭觉得把骆宾王放在奉

礼郎的职位上确实非用其所长，他打算借自己的力量，把骆宾王放到能施展其才能的职位上。原本以为等一过了考核，骆宾王就可以有机会升迁，但是没想到在这关键时刻，出现了意外情况。

一次朝廷中举行祭祀大典，祭器陈列时，先后次序发生了错乱。因为平日里对于这种祭品摆放的先后次序太常寺内人尽皆知，个个熟悉，绝对不会有错乱的发生，正因为如此，骆宾王每次虽然也检查，但都只是例行公事。而这次祭祀活动从开始到结束，一切跪拜如仪，祭祀活动都进行得很顺利，并未发现任何问题。待主祭者离场时，太常寺丞按次序撤下陈列祭品时，却发现簠、簋的位置颠倒了，而这两种器物乃是承装稻粱黍稷之物，应按照重要程度排列，事情一出可把骆宾王吓出一身冷汗。太常寺丞当即对骆宾王进行责问，骆宾王也赶紧将责任揽下来。此事可大可小，因为仪式已成，主祭者并未察觉，但是一旦声张出去，骆宾王就会获罪。太常寺丞念骆宾王平日里做事情谨慎小心，而如果向上报告，自己也要承担责任，因此没有将事情上报，但按照寺内的规定，还是要有一定责罚并记录在案的，于是骆宾王被停职，在家等候处理。

这件事让骆宾王觉得猝不及防，他将整件事上告给裴行俭，裴行俭也感到原本制定好的计划此时变得难办起来。而就在骆宾王停职在家之时，边疆传来消息，吐蕃占领了白州等一十八州，又与于阗联合，攻占了唐朝安西都护府属下四镇，侵占了大片土地。唐代建国之前，李渊父子通过武力削平群雄，建立大唐帝国，建国之后，四周用兵，也是无坚不摧。而现在边疆如此之大面积土地被侵占，是开国以来少有的。这是吐蕃对大唐权威的轻蔑，也让朝野上下心理上受到沉重打击，吐蕃寇边的消息一时激起了全国上下的激愤。朝廷派出右威卫大将军薛仁贵为罗娑道行军大

总管、右卫员外大将军阿史那道真、右卫将军郭待封为副，领精兵五万，出击吐蕃。全国上下一时激起空前的爱国热情，大家纷纷报名从军，要求奔赴边疆，为国效力，就连骆宾王此时内心深处也涌起了一股报国的热情，萌生了为国赴难的决心。于是他写了一首《咏怀古意上裴侍郎》上书裴行俭，提出从军边疆，将功补过的请求，裴行俭接到骆宾王的诗以后，赞不绝口。于此同时，他也觉得让骆宾王从军边疆，报国立功未尝不是一个能使他脱离危险境地的好办法。于是经过裴行俭与太常寺丞的商议，决定将骆宾王以"从军补过"作为处置，这样骆宾王既可以摆脱责罚和不良记录，又可以在军中施展男儿抱负，正可谓一举两得。就这样，骆宾王带着一腔热忱，踏上了进军边陲的行程。

4. 从军西征，倍感艰辛

骆宾王从军西征的消息传开，京洛诗界好友纷纷前来饯行，宋之问、高四、刘希夷、沈佺期、苏味道、杜审言、杨炯等，更是上门送别。其中李峤的《送骆奉礼从军》很有代表性，表达出各界友人对骆宾王未来的美好祝愿：

> 玉塞边烽举，金坛庙略申。
> 羽书资锐笔，戎幕引英宾。
> 剑动三军气，衣飘万里尘。
> 琴尊留别赏，风景惜离晨。
> 笛梅含晚吹，营柳带馀春。
> 希君勒石返，歌舞入城闉。

李峤在诗中说，因为西北出现烽火，朝廷出兵征讨，军中需要像你骆宾王这样的"锐笔"充当"英宾"，所以你应招入幕。在描述了骆宾王儒将风姿和离别的气氛之后，李峤热忱祝愿骆宾王能够勒石铭功，战胜归来，充分表示了李峤对这位文场主帅的热情期待和祝福。

很快，骆宾王便离家去军中报道。此次西域征讨，大军分为两支队伍，一支精锐部队由薛仁贵率领，直入吐蕃，而另一支队伍则由阿史那道真率领，先行西征，扩充队伍之后，再向安西都护府方向进发。骆宾王此次则是跟随阿史那道真的部队西行，由于其文职出身，所以被安排在幕府中，负责文字草拟工作。从军伊始，骆宾王初征，因此内心满怀爱国豪情，他在军中写的第一首诗，就是用乐府古题所作的《从军行》：

> 平生一顾重，意气溢三军。
> 野日分戈影，天星合剑文。
> 弓弦抱汉月，马足践胡尘。
> 不求生入塞，唯当死报君。

全诗写出了骆宾王刚到边陲意气风发的心态。见到如此庞大的队伍即将冲上前线为国效力，他的内心充满了激动之情，诗中写了队伍的声势浩大，战力极强，又想象了弓弦飞舞、马蹄阵阵的交战激烈场面，最后一句"不求生入塞，唯当死报君"，用极其虔诚的态度表达了自己将生死置之度外，誓当为君死的政治理想和抱负。可见，刚入军队时的骆宾王是充满了以死报国的豪情壮志的。随后，骆宾王又写了《西行别东台详正学士》《早秋出塞寄东台详正学士》等诗，在诗中向曾经共事过的同僚告别，同时又借怀念旧时老友，表达出自己身处异地，对中原故地的深深留恋之情。背井离乡，孤身一人的骆宾王，此时只能借助着这些诗篇，来向朋友倾诉旧事。在《早秋出塞寄东台详正学士》诗中，他还回顾了自己的坎坷经历，以及祭祀大典中的失误，表达了人生艰难、命途多舛的感慨。

很快，阿史那道真的队伍就到达了蒲类津地区，也就是新疆的巴里坤湖附近。这里虽然是边陲之地，入秋之后的气候和长安城比起来有两个季节的差异，但塞外风景秀丽，充满了异域风情。这一天，骆宾王在营房之外赏景，空中新月与清河交相辉映，营中的灶火同戍城楼上的烽火相互交织，在这宁静气氛的背后，则是大战在即的紧张气氛。面对此情此景，骆宾王诗兴大发，于是提笔写下了《夕次蒲类津》。诗中写道"龙庭但苦战，燕颔会封侯。莫作兰山下，空令汉国羞"，骆宾王将历史上征战边疆的典故包含其中。"龙庭苦战"指的是汉代大将军卫青，汉武帝元光六年（前129年），卫青出击匈奴，直驱龙庭，斩敌七百级而还，大获全胜。而"燕颔封侯"指的是班超，之前有看相之人称班超"燕颔虎颈，飞而食肉，此万里侯相也"。后来班超平定西域，镇守边疆，屡建奇功，果然被封为定远侯。"莫作兰山下，空令汉国羞"则写的是李陵，李陵率领五千兵深入匈奴，与敌人八万激战数日，兵败投敌，使大汉帝国蒙受耻辱。大战在即，骆宾王写下这样的诗篇来鼓动将士们要像汉代的卫青、班超那样英勇杀敌，立功封侯，而不要向李陵兵败投敌自保，令国家蒙受屈辱。此诗一出，便在军营内得到了广泛的传诵，这样的英雄赞歌，对于出征的战士来说，实在是一种激励。

　　另一方面，薛仁贵所率领的主力部队已经进入吐蕃腹地，准备和敌人主力会战。吐蕃与大唐之间的战争矛盾，由来已久，从唐高祖武德六年（623年）开始，吐蕃就陆续以各种理由向大唐进行挑衅，其目的就是为了夺取对大唐西域以及青海地区的控制权。太宗时期，双方发生过一次冲突，当时大唐军队击退了吐蕃军，太宗为了安抚吐蕃，把文成公主嫁给了吐蕃首领松赞干布，此后唐太宗在位期间，大唐与吐蕃没有发生任何冲突。而如今，高宗在位，松赞干布去世，吐蕃政权流落到当年太宗所封右卫大将军禄东赞之子论钦陵手中，论钦陵对西域之地觊觎已久，因此借着大唐与吐谷浑的关系，趁机挑起冲突。

　　到达目的地之后，凭借着多年丰富的作战经验，薛仁贵立即展开了严密的战略部署。他准备首先带着五千轻骑打头阵，而命郭待封率领余下的将士轻装行进前来接应。但郭待封自觉经验丰富，于是没有听从薛仁贵的指示，带着庞大的辎重运送车队前进，因此行动迟缓。薛仁贵首战告捷，正等待着与郭待封的大队伍会和，却不想队伍迟迟没有到达。而更糟糕的是，当大队人马行进至乌海的时候，吐蕃的二十万救兵早已到达，经过一阵激战，郭待封的四万多军队很快被击溃，郭待封此时才丢下辎重，率领残军逃进山中。与此同时，敌人又将薛仁贵的退路阻断，薛仁贵带领手下经过辗转与郭待封残军会和，经过两天的冲杀，始终没有成功突围。原本五万大军的精锐部队，在数日的浴血奋战之后，只剩下了两万，薛仁贵不得不下令全军撤退。战争失利的消息很快便传入朝廷，为了不再有更多的损失，朝廷只好下令提出议和。自大唐建国以来，守疆失利的战争几乎很少出现，因此，此次战争的失败，对朝廷来说乃是一大屈辱。薛仁贵一下成了众矢之的，高宗念在他往日对国家屡立战功，于是将其贬为庶人。而骆宾王所在的另一支西征队伍，刚做好调整扩充，准备向西域都护府进发的时候，突然收到了乌海战事失利且已经与吐蕃议和的消息，原本气势高昂的全军将士，情绪在瞬间转为失落悲痛。

乌海战败，安西前线的无所作为，再加上边塞已进入寒冬季节的环境恶劣，骆宾王初到边塞时的兴奋、激越心情已经荡然无存，取而代之的则是失落与绝望。在这段时间，之前从各地征集到边塞的人员，陆续接到朝廷指令奉调回京，有的调离他处，而骆宾王却一直没有接到回京的命令，只能和余下的人一样留守在驻地。这一天，又有一批军中的好友要离开，骆宾王心情凄凉而又伤感，于是写下了《在军中赠先还知己》，作为离别纪念：

> 蓬转俱行役，瓜时独未还。
> 魂迷金阙路，望断玉门关。
> 献凯多惭霍，论封几谢班。
> 风尘催白首，岁月损红颜。
> 落雁低秋塞，惊凫起暝湾。
> 胡霜如剑锷，汉月似刀环。
> 别后边庭树，相思几度攀。

在诗中骆宾王表达出了自己不能返回、心系长安的绝望之感，说自己双眼已经"望断玉门关"。想起刚来边塞的时候，自己曾借豪情的誓言，而如今也只能慨叹，在霍光、班超面前自愧不如。在诗的后半段，骆宾王更是寓情于景，写落雁，写胡霜，借那满目疮痍之景来表达自己内心寂寥失落的情绪，同时也抒发着对长安家人的思念与牵挂之情。

　　就这样，骆宾王在边塞驻地一呆就是三年的时间，在这段羁旅生活中，军中再无文书可起草，战事平息，他也成了可有可无的闲人。他唯一可做的就是读书习文，将边塞风光与自己的孤寂之情织罗在一起，形成一篇篇遒秀的诗文。长歌《久戍边城有怀京邑》就完成于此时，诗中概述了骆宾王从军入塞后的心路历程，抒发了壮志未酬、遗恨难遣的感慨以及相思难耐的苦痛。在这段时间里，骆宾王写下来的数十首边塞诗，将自己亲身经历边塞生活的点点滴滴，以及情绪上从激昂振奋到倍感失望的起伏过程都一一记录下来，从内容的深度、情感的真实以及表现形式的贴切等各方面都开启了唐代边塞诗的先河。

　　直到第四年春，都护府接到朝廷的诏书，命此前跟随阿史那道真入塞，目前仍留守的千余人即日启程赶赴西南边境的姚州平叛。姚州一带地处祖国西南边界，地势崎岖闭塞，当地部落屡次企图自立，朝廷为避免再次出现吐蕃事件，特派李义为姚州道大总管，招募千余名勇士，前往讨伐。于是骆宾王便再次踏上了征程。

5. 入蜀平叛，故地重游

　　三月下旬，骆宾王等一行由西域入蜀，很快就到达了益州，李义所率领的军队也在此时在益州汇集起来。进行一番休整之后，大军于五月中旬向姚州出发。巴蜀之地，山高水险，部队行进在山川之中，深入不毛之地，一路绝壁千里，重山遮日，且江河之中毒雾弥漫，进入雨季又淫雨绵绵，因此行路十分艰难。好在将士们个个心中都踌躇满志，饱含着一腔爱国热情，尤其是骆宾王，在上一次吐蕃战争中产生的失望情绪如今全都转化为动力，他希望自己能在这次平定叛乱的战场上实实在在地发挥出自己的一份力量。

六月上旬，全军到达姚州境内。李义对骆宾王的大名早有耳闻，如今骆宾王来到自己的军中，他内心很是高兴，于是在军队到达姚州城边境驻扎下来以后，李义便立即接见了骆宾王，并把此次姚州平叛的相关文职工作都交给了骆宾王处理。

之前朝廷派到姚州的征讨郎将赵武贵战死，而姚州都督府所在的姚城被叛乱部队占领。而叛军如今在姚城边的巨防山安营扎寨，此处地势险峻，重峦叠嶂，溪谷交错，因此李义大军没有深入敌军腹地，而是在离城不远的昆仑镇驻扎下来，随时准备与敌人决战。叛乱部队实力十分强大，他们拥有五万人马，同时对姚州地势环境十分熟悉，因此如不采取恰当的战略部署，想要平叛并非易事。除了在武力上加紧防范之外，另一方面，李义让骆宾王写了一道《晓喻姚州诸部族书》，这篇书檄的主要内容即是劝诫叛军能够停止叛乱，尽快恢复边疆的长治久安，维护地区的和平与安定，并且希望他们能够忠于大唐王朝，朝廷也必将给予他们更多福祉。骆宾王在文中晓之以理，动之以情，深刻分析了战争给两地带来的恶劣影响，以及给百姓造成的灾难，更阐明了停止干戈给各部族带来的好处。文告用当时流行的骈文，言情并茂，极具说服力。可惜叛军部落统领极其野蛮，只相信武力，不相信文书，于是这篇文告并未在叛军中引起广泛反响。

六月中旬的一日凌晨，利用叛军睡梦初醒的时机，李义先派刘惠基和刘玄暕两员大将，趁敌军不备，展开突袭，迅速占领了山北要地，以断其后。随后李义派副总管令狐智通和李大志率领西域骑兵从左右两翼一同包抄，李义又亲自率军从正面挺进，直插敌人心脏，将敌人三面合围，经过一天的激战，到第二天凌晨，叛军部落只剩下几支零散队伍藏匿于山中。李义下令暂时不再追击，以保存实力，于是骆宾王起草了从军两年以来第一道捷报文书《兵部奏姚州道破逆贼诺设弄杨虔柳露布》。文书中把战事的部署，激战的过程，以及将士奋勇杀敌的无畏精神通过激昂的文字，极其生动地表现出来，朝廷收到捷报之后，大为称赞。

在此之后，李义军一面加强营寨防卫，一面派出两支精锐部队，排查巡视。终于在七月七日，战事再次爆发，李义先派遣一支精兵悄悄从后面阻断敌军的退路，又派遣令狐智通率领迎击敌军的步兵，然后李义亲自率兵直进。由于在之前的那次战争中，敌军损失惨重，如今也只是由几支部落的残兵所组成的临时联军，而李义军队则训练有素，很快临时联军就陷入了各自为战的状态，而李义军队则越战越勇，两军厮杀之声响彻山谷。终于在经过了一天的激战之后，叛军主力被击溃，李义军乘胜追击，将叛军一举歼灭。随后骆宾王立即撰写了《兵部奏姚州道破设蒙俭等露布》呈奏朝廷。高宗阅后大喜，下旨任李义为益州大都督，领黔中事务，参战将领一律嘉奖，这就使得全军将士们士气更加高昂起来。

一个月的时间，经过两次奋战，姚州的部族叛乱终于平定下来。一方面李义领兵有道，战场上所向披靡，另一方面骆宾王神来之笔将战事刻画得逼真震撼，因此李义获得嘉奖之后对骆宾王更是赏识有加，两人的关系由上下属变为亲密的朋友。一次在两人饮酒闲谈的时候，李义不禁感慨，若是前征战郎将赵武贵看到此时的和平之景，他的在天之灵也将得到安息了吧！骆宾王亦深有同感，于是当晚写下了一篇《李总管祭赵郎将文》，在祭文中对赵郎将临危受命、奋勇抗争的精神大加赞赏，同时又对他的不幸表示了遗憾和惋惜。

在此之后，骆宾王跟随李义返回益州。战事已经平息，因此军中事务并不多，于是李义特地关照骆宾王可以利用在蜀时间多去各处走走。蜀中人杰地灵，山水秀丽，历来是文人墨客吟诗作赋的绝佳之地，往往游赏一圈，便可写出数十篇佳作，而骆宾王此前闲居的十二年中也曾与季武、张二等人到蜀中游览过，而如今在收获了胜利之后，故地重游，心情却是不一样了。而且更重要的是，上一次与员半千一同拜访骆宾王的那个年轻人卢照邻，听说在邓王府任期满后，也入了蜀地，当了益州新都尉，后来为人所陷害入狱，险些丧命，多亏其师王义方多方疏通，才保全性命，如今不知其在蜀地何方，骆宾王心想趁此巡游的机会，也好顺带着打探一下他的消息。

　　骆宾王在闲居到蜀地游览时曾结实过一位叫费元之的人，骆宾王再次入蜀，也不知这个费元之从哪里得到的消息，竟然一路找到了骆宾王所在的益州大营。骆宾王再次见到费元之欣喜不已，赶紧将他迎入自己的房中，斟上一壶好酒，两人边饮酒边叙旧。骆宾王与这位费元之的关系虽不似和季武、高四那般熟悉，但他乡遇故知，也变得格外亲切。席间两人闲叙，骆宾王偶然提到自己曾经在兖州结识了一位才子，此人姓卢名照邻，又将其情况向费元之一一作了介绍。费元之听便笑着说：“卢公子在蜀地很有名气，乃是蜀中之大文豪，前些年在益州为官，也经常出席文人豪客组织的文学盛宴，期间的不少佳篇如今都在蜀地盛行，只是……”费元之话说到这里，眉头皱了起来，不再往下说了。骆宾王好不容易打探到了卢照邻的下落，便赶忙问到：“只是什么？”那费元之叹口气说：“后来听说卢照邻被人冤枉险些入狱，经人周旋才得以开脱，此后听说结识了一位郭姓女子，二人恩爱有加，只是后来卢公子却将郭氏抛弃，从蜀中独自一人回到京洛去了！

这个郭氏与我是同乡，因此这件事上，我也表示很愤慨!"骆宾王听到这里，不由得感到震惊，这么多年来，卢骆两人虽未见面，但他在长安时却偶尔会有书信往来，直到他从军之后，才断了联系，他总觉得自己认识的卢照邻不是这个样子，于是与费元之商量过后，两人决定到卢照邻曾经与郭氏的住所前去探望。见到郭氏后，郭氏将卢照邻如何与她在蜀中相识，二人又如何恩爱有加，此后卢照邻又如何在她怀孕之时执意返回洛阳，卢照邻对她许下承诺后又是如何杳无音讯另结新欢等等状况向骆宾王和费元之一一道来。骆宾王听后非常愤怒，虽然事情已经过去很久，但是提起这段伤心往事，郭氏还是悲痛不已。骆宾王见此情景，对郭氏极为同情，遂一口气写下了《艳情代郭氏赠卢照邻》这首长诗。在全诗中，骆宾王代郭氏口吻表达出了内心受到极大伤害的妇女思念远方人儿，对方却始终杳无音讯的惆怅之感。这一首代人所作关注女性命运的长诗，连同之前骆宾王为王灵妃所做的《代女道士王灵妃赠道士李荣》一样，都成了此后文坛的不朽之作。在《宫体诗的自赎》中，闻一多先生谈到这首诗的价值并不在于"声讨"，而是它为唐诗的发展作出了开拓性的贡献，是唐代诗坛长篇七言歌行的奠基作之一，它为唐人七言歌行开辟了道路。

虽然这一次寻找卢照邻而不得的际遇并不那么愉快，但也并没有影响骆宾王游蜀的心情。随着在蜀地时间越来越长，骆宾王在此也结交了一批文人诗友。这一天骆宾王正随友人到眉州游赏，眉州长史朱一方带着两位随员来拜访骆宾王，递上刺史徐敬业的名刺，并邀请其到刺史府中一坐。对于徐敬业，骆宾王并不甚熟悉，只知道其祖父乃是大唐开国的元老之臣李勣，但在武则天立后问题上起到了决定性的作用，因此武则天对他赏赐有加。想到此，骆宾王本想拒绝，但又觉得不好，因此答应下来。就这样骆宾王跟随朱长史来到了刺史徐敬业的家中。见到徐敬业本人，这个年仅三十开外、气度不凡的青年男子，骆宾王不由得心中一震，此人颇有当年李勣之神韵，不愧为功臣之后。

徐敬业对骆宾王毕恭毕敬，寒暄一阵后，徐敬业召手下安排了酒菜，请骆宾王入座，说："此次邀请骆公前来，是一早听闻骆公的声名，但骆公一直在京洛、齐鲁之地，因此无缘面见。而这次恰闻骆公在巴蜀之地，遂特地邀请前来，如能与骆公饮酒闲叙，此生再无憾事！"说着便拿起酒杯，先干为敬。骆宾王见这个年轻人这样谦逊，内心大为赞赏，于是也随着一饮而尽。接着两人谈起了姚州征战时骆宾王所写的露布，由此又聊到当年祖父征战沙场挥师东进时的骁勇善战，而对于在武则天立后时祖父态度暧昧的问题上，徐敬业也说出了自己的观点。他认为祖父在战场上一直所向披靡，作为大唐的开国勋臣是当之无愧的，但是在立武后这件事上，也确实是一失足成千古恨，这在李勣之后的人生中，也是悔恨不已。他经常自责，而徐敬业本人则更是希望如果有机会，能够替祖父将功赎罪！说到动情之处，还不免激动流泪。骆宾王听了徐敬业这番话，吃惊不小，虽然李勣之言，多为世人所憎，但其子孙能如此深明大义，实属难得，于是他对徐敬业再无半点偏见，反倒是为他的诚意所打动。之后，二人还在作诗为文方面进行了深入的切磋，徐敬业在骆宾王眼里就好像一位初拜师的学生一样毕恭毕敬，对与骆宾王所提出的一些理论、见解全都悉数记下。骆宾王原本以为徐敬业作为一州刺史，必定是官气十足，没想到这位年轻人竟如此谦虚朴实，心中也不由得肃然起敬。接下来的日子里，徐敬业陪同骆宾王游览了眉州山水，五天之后，二人才依依惜别。骆宾王以为，这是他此生唯一一次与徐敬业的交汇，但他不会想到，在他人生最终的生死边缘，与他并肩作战的人，正是这位想要为祖父将功补过的眉州刺史徐敬业！

此后的日子里，外出游赏、吟诗作文，始终是骆宾王滞留蜀地期间的主要任务，后来他在自传体长诗《畴昔篇》中，对蜀中游踪做了这样的概括：

> 蜀路何悠悠，岷峰阻且修。回肠随九折，迸泪连双流。寒光千里暮，露气二江秋。长途看束马，平水且沉牛。华阳旧地标神制，石镜蛾眉真秀丽。诸葛才雄已号龙，公孙跃马轻称帝。五丁卓荦多奇力，四士英灵富文艺。云气横开八阵形，桥形遥分七星势。川平烟雾开，游戏锦城隈。墉高龟望出，水净雁文回。寻姝入酒肆，访客上琴台。不识金貂重，偏惜玉山颓。

诗中写到了大量的蜀中人文胜迹，可见此次行程收获不小。

时光荏苒，岁月流逝，一转眼已经到了骆宾王在蜀中的第三个年头，右领军卫中郎将程务挺来到蜀地巡查，他早听闻骆宾王大名，遂在离开时与李义商量，打算偕骆宾王回长安，意欲将骆宾王安置在其所在的右卫军中，以便随时借重这支"锐笔"。李义考虑到骆宾王服役期将满，家中又有老母、妻儿，如今在蜀也并无差事，遂同意他回京。益州都督府为骆宾王举行了盛大的欢送仪式，骆宾王在蜀中结交的好友也纷纷前来送行，就这样，多年来身处边陲之地的骆宾王，终于将要回到令他魂牵梦绕的长安城。

五、晚年出仕与人生重创

1. 为官主簿，婉拒升迁

因为程务挺此次是来南方巡查，所以除了到蜀地益州之外，他还要前往苏州、扬州，之后才能回到长安，而骆宾王此次随程务挺同行，因此在回长安城之前，骆宾王便再次有幸游览江南之地。因为只是随行而没有职务安排，骆宾王便相对自由许多，早年他在辞官闲居时也游览过扬州、苏州，而此时再故地重游已经有二十多年的光景，许多地方已经发生了变化，因此对于骆宾王来说，即使是故地重游，也有极大的新鲜感。更重要的是，趁着这个空当，骆宾王也要重新思考一下自己的人生和未来了。

江南的夏天，天气格外炎热，一连几个晚上，骆宾王都难以入眠。他索性就将竹榻放在王府大厅外面的庭院里，一是可以避免在屋内的闷热，二又可以欣赏夜色之美。这一夜骆宾王又辗转反侧，面对着漫天的繁星，他想起了母亲、岳母和妻儿，更想起了这一路的坎坷经历，想起他这些年所结交的各路好友，回忆着过去，感慨着时光。想着想着，一个人的影子突然闪现在他脑海里，这个人他虽然此前只在京洛有几面之交，但对于他的才气，骆宾王却始终难忘，这个幸运的人就是宋之问。虽然两人在年岁上有很大差异，宋之问正处年轻气盛之时，而骆宾王已经快到老骥伏枥之年，但论学识，论才气，二人简直是不相上下，因此骆宾王见到宋之问第一面就有相见恨晚之感。相比其他那些能经常走动互相通信的老友来讲，此刻骆宾王更希望能与这位忘年交再次相逢。想到这里，骆宾王便再也睡不着，于是拿起笔来挥毫写下那首《在江南赠宋五之问》，在诗中以与老朋友对话的口吻，写了自己"北走平生亲，南浦别离津"的经历，以及自己忧愁幽思的情怀，借此表达了对友人坦率真诚的情感。

　　经过了江南巡游，骆宾王再次回到长安家中已经是十月中旬。当年离开长安之时，家中母亲便已经腿脚不太方便，此前因为父亲去世悲伤过度，以及这些年来的家务劳累，已经是积劳成疾，始终不得休养，如今年事渐高，身体状况更是每况愈下。这次骆宾王回家之前，心里一直挂念的就是母亲的身体状况，所以他一回到家中，就赶紧来到母亲房内探望。因为此前并未接到骆宾王回家的消息，所以刘氏对骆宾王的回来一点思想准备都没有，当看到有人在跟前叫她"娘"的时候，她还以为自己是在做梦，仔细看了看才确信眼前的人确确实实就是自己的儿，一时间兴奋得泪流满面。骆宾王跪在母亲身边，看到母亲如今已经是满头青丝，眼眶也深深地凹陷，身体已经清瘦，行动更是大不如前，时不时还伴有咳嗽声。见到此情此景，骆宾王也不禁伏在母亲膝上像个孩子一样痛哭起来，对于这些年来自己只忙于仕途，没有好好照顾母亲妻儿感到深深的愧疚。妻子范氏听到声音也赶紧跑了过来，看到眼前的丈夫，她心里再也无法承受这么多年的委屈，两行热泪在脸颊上默默流淌。栓儿白天在学堂读书，如今已经长成了大人模样，这些年来父亲不在家中，栓儿变成了男子汉，将照顾家人的重任扛在肩上，骆宾王见此，欣慰不已。就这样，骆宾王在经历了边陲之苦后，又一次与家人重逢在一起。

此次骆宾王被程务挺挑选回来，本来是想将其安排在军中任职。但骆宾王本人一则因为母亲年老，需要陪侍照顾，二则是军中文职不像武将，没有战争就是闲人，对这种军中闲差骆宾王已经感到倦怠，所以就婉拒了程务挺的好意。这样他的职事只能交由吏部考核安排，吏部侍郎裴行俭虽然是有心提拔，但考虑到当初是按照"立功补过"的处置，骆宾王这些年在军中并没有立过什么大的功勋，只有姚州写的两道露布和一些书表檄文，因此只能委任骆宾王为武功县主簿。主簿的职责是负责文书簿集，掌管印鉴，属县令的副手。对于这样的工作，骆宾王自然是轻车熟路，游刃有余。早年他在道王府职事的时候，对这些事物就有所接触，再加上在军中的经验，应付如今这些工作还是绰绰有余的，而且相比起之前那官职低微但要求甚严的奉礼郎，能轻松许多。但是主簿的品级为正九品上阶，相比之前骆宾王所任的奉礼郎只上升了一阶，虽然骆宾王无心贪图功名利禄，但想到自己这些年来对国家一片忠心，刚正自守，却落得十年不调，始终官居微职，内心也不免有些感慨和不平。于是在《畴昔篇》中，他感慨万千地写道："十年不调为贫贱，百日屡迁随倚伏"，即使是这样，骆宾王也仍然尽心尽力地工作，得到了王县令的极大赏识，而另一方面，家中老母的情况却不容乐观。

也许是因为之前骆宾王一直征战在外，自从儿子走的那一天起，母亲刘氏就一直在心里期盼着儿子的平安归来，而这期盼，也成了她活着的唯一动力。母亲确实已经老了，如今已经不能再

操持家务，照顾孙子，再加上身体逐渐衰弱，经常咳嗽，大部分时间都只能坐在房内闭目养神，而她心里始终惦念的就是自己的儿子骆宾王，希望儿子能在边陲大有一番作为，并且早日荣归故里。而如今，她朝思暮想的儿子终于回来，心里也终于踏实了下来，此生也再无所挂念。因此在骆宾王回来不久，母亲刘氏就一病不起，终日卧病在床，白天都是由妻子负责照顾，晚上骆宾王回到家中更是夜夜守护在母亲身边，寸步不离，看到母亲的身体每况愈下，他的心中犹如刀绞般，自己好不容易能陪伴在母亲身边，可母亲却再也没有力气同他说说笑笑了。

就在此时，原吏部侍郎裴行俭兼任洮州道左二军总管。洮州在甘肃一带，距离长安城相对较远。临行前，裴行俭终于找到了一个合适的理由使骆宾王升迁。因为移官他地，都可以将自己从前的下属作为随行，一同赴新任，而裴行俭看重骆宾王的才华和文笔，一直有心提拔却终不得合适的机会。而自己此次赴新任，府内正好缺一名掌书记，又是从八品官职，于是他想到骆宾王，这样一来，一是可以使骆宾王职位获得提升，二是可以将这个才华横溢的文人带在身边以便互相切磋，于是便同骆宾王商讨此事。这个升职机会对于骆宾王来说应该是很难得的好事，按理他应该马上答应下来，但是当裴行俭将此事说与骆宾王听的时候，骆宾王却犹豫了，他没有直接给裴行俭回复，而是说要考虑考虑，裴行俭原知道骆宾王性格，也就没有逼迫。那么骆宾王在考虑什么呢？虽然这个官职对于他来说再合适不过，有赏识的人推荐，他理应感激，但他想到了这些年一直出门在外，对家里疏忽了照顾，而如今母亲已经重病在床，每天都需要他的陪伴，他不想再让母亲担心，更不想做个不孝之子。所谓百善孝为先，如果此次再赴洮州，恐怕回来就见不到母亲了。于是想到此，他写了一篇书信给裴行俭，在信中说明了自己不能赴任的原因，言语动情，感情真挚。裴行俭读罢信，颇为感动，虽然也为骆宾王错过了这一职事表示遗憾，但更为他的一片孝心所打动，于是此事只得作罢。

果然，到了年终末尾之时，骆母的病情也日渐严重起来，如今已经是骨瘦如柴，精神全无。这一天，骆宾王守在母亲的床前，沉睡已久的母亲忽然醒了过来，拉住骆宾王的手，想要挣扎着坐起来，骆宾王赶紧安抚母亲躺好。母亲费力地对骆宾王用微弱的声音说："儿，我这是要找你爹去了……"话还没说完，就已经没有了力气，又是一阵咳喘。骆宾王已经哽咽得说不出话来，他的内心十分凄苦，却又无法改变现实了。就这样，在岁末，骆母去世。这年的冬天，长安城内外格外寒冷，接下来的日子里，骆宾王在浐水附近将母亲安葬好，他也开始离职服丧。后来他在《畴昔篇》中写道：

> 人事谢光阴，俄遭霜露侵。偷存七尺影，分没九泉深。穷途行泣玉，愤路未藏金。茹荼空有叹，怀橘独伤心。

"人事谢光阴，俄遭霜露侵"说的是自己近六十花甲却得了重病，而"怀橘独伤心"就是借陆绩怀橘奉母的故事隐喻母殁，由此可见，骆宾王在服丧期间因怀念母亲，得了重病，可见他对母亲的深情。

2. 长安任上，作《帝京》绝唱

仪凤三年（678 年）的冬天，骆宾王度过了为母亲的服丧期之后，再次回到任上。又到了一年一度的朝廷考核阶段，在这次考核中，骆宾王被调任长安县主簿。长安也是京县，品级和武功主簿相同，只是调换了个地方而已。骆宾王依旧每天例行公事，负责文书簿集，抄写公文，日子十分清闲，于是他便将更多的精力都放在创作上。如今已经年近花甲的骆宾王，在经历了几次不愉快的仕途经历，又远赴边陲归来之后，再看长安城，忽然觉得陌生了许多。一日他走在城内，面对着来往的人群，仿佛人们的脸上再也没有太宗在位时的那种幸福与满足感，而更多的是无奈和彷徨。此时的骆宾王，强烈地感受到京师长安所发生的翻天覆地的变化，这种变化，不只是街景的更改，店铺的更替，也不是长安城内花草的盛开与凋零，这种变化，是来自人们在精神面貌上的巨大转变，而在这背后又无不体现着朝廷统治集团的政策与思想。遥想自己第一次来到长安城，是在太宗年间，那时候国家从常年的战乱中得到统一，刚刚百废俱兴的社会，人们都知足于那来之不易的稳定，渴望的是国家强盛，经济振兴，于是上下同心，共同奋斗，形成了一股蒸蒸日上的社会风气。随着时间的消逝，国家逐渐富强，人民的生活也富裕起来，社会日趋安定，上层统治者的心态逐渐发生变化，从最初的为国家建设尽心尽力渐转为贪图享受荣华富贵。如今的长安城，到处都可以感受到从那些达官贵人府里飘出的骄奢淫逸之风。那些得势便猖狂的官吏，更是贪污腐化，极力炫耀豪阔，而真正受苦受难的百姓，脸上则透露出更多的是无奈与痛苦。如今徜徉在京城街头，似乎是比骆宾王初次应试时期更加地繁华，更加地艳丽多彩了，但扑面而来的却尽是纸碎金迷，豪纵竞奢。想到这里，骆宾王百感交集，回到住所之后挥毫写下了这首享誉古今的名篇《帝京篇》：

　　山河千里国，城阙九重门。不睹皇居壮，安知天子尊。皇居帝里崤函谷，鹑野龙山侯甸服。五纬连影集星躔，八水分流横地轴。秦塞重关一百二，汉家离宫三十六。桂殿嶙岑对玉楼，椒房窈窕连金屋。三条九陌丽城隈，万户千门平旦开。复道斜通鳷鹊观，交衢直指凤凰台。剑履南宫入，簪缨北阙来。声名冠寰宇，文物象昭回。钩陈肃兰戺，璧沼浮槐市。铜羽应风回，金茎承露起。校文天禄阁，习战昆明水。朱邸抗平台，黄扉通戚里。平台戚里带崇墉，炊金馔玉待鸣钟。小堂绮帐三千户，大道青楼十二重。宝盖雕鞍金络马，兰窗绣柱玉盘龙。绣柱璇题粉壁映，锵金鸣玉王侯盛。王侯贵人多近臣，朝游北里暮南邻。陆贾分金将宴喜，陈遵投辖正留宾。赵李经过密，萧朱交结亲。丹凤朱城白日暮，青牛绀幰红尘度。侠客珠弹垂杨道，倡妇银钩采桑路。倡家桃李自芳菲，京华游侠盛轻肥。延年女弟双凤入，罗敷使君千骑归。同心结缕带，连理织成衣。春朝桂尊尊百味，秋夜兰灯灯九微。翠幌珠帘不独映，清歌宝瑟自相依。且论三万六千是，宁知四十九年非。古来荣利若浮云，人生倚伏信难分。始见田窦相移夺，俄闻卫霍有功勋。未厌金陵气，先开石椁文。朱门无复张公子，灞亭谁畏李将军。相顾百龄皆有待，居然万化咸应改。桂枝

芳气已销亡，柏梁高宴今何在。春去春来苦自驰，争名
争利徒尔为。久留郎署终难遇，空扫相门谁见知。当时
一旦擅豪华，自言千载长骄奢。倏忽抟风生羽翼，须臾
失浪委泥沙。黄雀徒巢桂，青门遂种瓜。黄金销铄素丝
变，一贵一贱交情见。红颜宿昔白头新，脱粟布衣轻故
人。故人有湮沦，新知无意气。灰死韩安国，罗伤翟廷
尉。已矣哉，归去来。马卿辞蜀多文藻，扬雄仕汉乏良
媒。三冬自矜诚足用，十年不调几遭回。汲黯薪逾积，
孙弘阁未开。谁惜长沙傅，独负洛阳才。

"帝京篇"乃是许多诗人常用的题目，唐太宗就写有《帝京
篇》十首，这个题目通常是用来赞颂京城的繁华、山河的壮丽、
国家的兴盛发展，从而抒发自己的壮志豪情，为歌功颂德之题。
但骆宾王写此篇，却表现了与以往诗人不同的主题，他是在借着
描写长安城内外的浮华之景来表达一种警策世人、忧国忧民的思
想感情。诗歌开头部分，骆宾王以气势恢宏的笔调，运用铺陈夸
张的手法，写出了长安城四周的形势险峻、城里宫阙亭台楼阁之
雄伟，又描述了达官贵人声势之显赫。以极其豪迈的笔调将一派
盛大的景况呈现在人们面前，为后面的叙述做好了充分的铺垫。
紧接着，诗歌又进一步将那些有钱之人的浮华生活极力渲染，把
他们醉生梦死、千金一掷的生活状态，以及这些统治集团内部官
员的内心活动揭露得淋漓尽致。在对这些骄奢淫逸的状况描写的
时候，骆宾王运用了大量的历史典故，惟妙惟肖地进行类比，明
里暗里将京城歌舞升平的豪奢生活呈现在世人眼前。经过了一番
渲染之后，骆宾王将笔锋一转，展开论述，对这些纵欲无度的糜

烂生活进行了严厉的批判与警示，运用了一连串的历史故事，晓之以理，动之以情，来警告这些拥有权势之人，一旦风云变幻，他们便将立即委身泥沙之中，因此切不可过度奢靡，以防乐极生悲。

骆宾王这一篇作品可谓是将他毕生的才气全部都投入其中，成篇之后适逢裴行俭写书信向其索文，于是骆宾王便将这一篇作品呈上。裴行俭在接到这一篇长诗之后，连读数遍拍案叫绝！无论是内容上的绚烂多彩，句式上五、七言错杂运用，平仄声韵相互转换，对仗排比的严整，还是全篇所呈现出的大气磅礴的气势，无一不显示出骆宾王冠绝一时的才情，可以说这篇《帝京篇》绝对是当世文坛的极品之诗。但是，裴行俭也因此深感忧虑，因为骆宾王这篇诗作，针砭时弊，无疑是对朝廷内部统治集团的严厉讽刺，如今武氏当政，在言论上大加控制，而且那些行为不检的贪官污吏见到此篇，更是犹如见到了自己的写照，因此不排除会有人拿此来做文章从而对骆宾王不利。

骆宾王的这篇《帝京篇》很快就传遍京城，大家竞相传抄，其影响力逐渐扩大到全国各地，因其巨大的艺术感染力，及其让人耳目一新的体裁，在文坛上产生了极大的反响，人们一时间纷纷效仿，骆宾王瞬间成为文坛瞩目的焦点。而另一方面，《帝京篇》果然也对骆宾王造成了一些负面影响，许多中矢之人对骆宾王进行贬斥，认为其位卑职低，是靠这个哗众取宠云云，更重要的是，《帝京篇》中将骆宾王刚烈的个性表现得太过明显，这样的性格也使得他在后期的官宦生活中遭遇到重创。

尽管骆宾王的名声在京城一时大振，但是他的官职并没有因此而得到升迁。这一年春天，齐地博昌县令派使节到长安来访，按礼数，长安县令应派人回访，因了解到骆宾王少年时一直在博昌读书游学，对博昌县的情况较为熟悉，于是派骆宾王出使博昌。骆宾王听到这个消息高兴得一宿没有睡觉，想想自己从兖州闲居再出仕，直到现在离开齐鲁大地已经有十多年之久，父亲的灵柩一直都停留在博昌县，不得返乡，如今已经有好多年没有回去祭拜，实属不敬。前些年在军营中又接到家中书信，说韦超韦县令已经去世，身处军营之中的他无法返回吊唁，内心十分难过，如今终于有机会返还，必定要到他老人家坟前烧香祭拜。而骆宾王的老友季武如今也不知在兖州生活得如何，听说他参加了武举考试，不知如今身任何职。对于博昌，骆宾王有太多的回忆，因此一接到指令，他便立刻准备启程。

在博昌出使任务结束之后，骆宾王祭拜了父亲，随后直奔兖州，特地来到了旧时韦县令家中，如今韦老妇人同儿子一同居住，家里的日常起居还尚可维持，只是生活不似从前般热闹，加上没有了俸禄，经济也变得拮据起来。这些年骆宾王出仕虽然官职不高，但俸禄尚可，想到当年一家人在食不果腹的危难时期受到韦氏一家的帮助，那种大恩大德是无论如何也报答不了的。如今韦氏一家也陷入困境，骆宾王慷慨解囊，将自己这些年来所积攒下来的银两全部留给了韦氏一家，韦老夫人感动得不禁落了泪。拜别了韦家，骆宾王又在莱州、蓬莱等地与旧时的几位兖州好友小聚一番。当年都是意气风发的少年，如今都已经年近花甲，实在是时光飞逝，岁月无情啊！这一路上骆宾王写下了不少感慨之篇，表达了自己对齐鲁父老的深深怀念与不舍之情。

3. 入狱风波，罢官临海

骆宾王在长安任主簿工作尽心尽力，因此得到了刘县令的嘉奖。而正在此时，御史台内部有官吏出现内外勾结办案不公等不法行为，朝廷惩处了一批官吏之后，进行大规模调整，需补充一些新人。而御史台长史也想趁机清理一下门户，希望能调来几位秉性刚直之士，重树御史台秉公执法之声威。长史将此想法与吏部侍郎裴行俭进行沟通之后，裴行俭再次想起骆宾王来。他素知宾王为人，而且自从返回京城之后，业绩频频，在文坛声誉又高，却一直错失机会，因此没有得到提升，而这一次恰好天时地利人和，可以说，骆宾王绝对是侍御史的最佳人选。于是在裴行俭的大力举荐之下，骆宾王被升任为御史台侍御史。

御史台内设侍御史四人，负责"纠举百僚，推鞫狱讼"，是朝廷的检察官。虽说身为执法机构，这里应该最讲求公正，但是历来御史台出现的冤假错案都不少，有些确实是因为执法不严明、案件处理不当或者办事人员素质能力低下所致，但更有大部分的冤假错案，都是来自于朝廷内部的政治斗争所致，而这种冤案，即使是御史台官员，也多敢怒不敢言。而随着武则天的上位，这种政治上打击报复的行为就更加严重了，一些公开或私下里反对她意见或者对她表示不满的官员都无一幸免地遭到诬陷，而作为侍御史，也只能按照指示办事。而在另一方面，朝中虽然设立了检举制，但大家心里明白，这些贪赃枉法之徒也多是权势集团成员，他们之间相互勾结，相互掩盖，甚至会联合起来反扑，很难体现出真正的公平公正，所以要在这样严峻的形势下展开秉公执政，任务十分困难。

骆宾王从军归来以后，对仕途的腾达已经没有了欲望，只是为了生计才不得不接受一个八九品的官位。如今想不到年过花甲，裴侍郎还将他推举为侍御史。骆宾王深知这是一项风险极大，难度极高的职务，有些案件若处理不当，则不但正义未能伸张，自己反受其害。但骆宾王的个性素来刚正勇为，对一些当权者长期的胡作非为，他不可能坐视不管。而且他想，只要在其位就要谋其政，身为国家检察官，就要尽心尽力为国效力，只有这样才不负裴侍郎的举荐，所以他勇敢地接受了这个职务。上任之初，一些深知骆宾王秉性的朋友，纷纷向他提醒，务必要学会在其中周旋，以免引火烧身，希望他能明哲保身。而御史台乐长史在工作之初也对骆宾王多有提点，暗示他处事要小心谨慎，既要秉公执法，又不能过于强悍，以防被暗箭所伤。但骆宾王刚正不阿的品性，决定了他处事不会瞻前顾后，势必要秉公执法，正道直行，即使刀山火海，也在所不惧。

　　刚进入御史台工作的时候，乐长史没有马上将办案的任务交给他，而是派给他一些案情核对和复查的工作。一来是为了让他熟悉工作性质，二来也是怕他太过锋芒在未熟悉"规则"之前就遭人暗算，再加上骆宾王文笔极好，对于一些案件的抄录工作也都由他负责。骆宾王对这一安排并没有异议，也没有多心，他心想这样一来也可以详细了解办案的过程，对自己也是一个提升，因此每天按部就班地进行案情的核对和复查。但骆宾王岂是平凡之辈，此前做该项工作的侍御史知道许多案件即使是进入复查，也基本就是板上钉钉，不会再有太大翻供的可能，于是就睁一只眼闭一只眼，只求不给自己找太多的麻烦。但骆宾王不同，他在案情复审的时候，甚是仔细，生怕诬陷了一个好人，也生怕放走了一个坏人。因此对每项案件都是将资料搜集完备，又逐一重新调查，必要时候，还要重新取证。从职责上讲，骆宾王这样秉公执法是完全正确的，但在其他几个侍御史看来，这个后生之辈刚

进来就不把他们放在眼里，因此对骆宾王也颇有微词，常常指责他越级办案，但乐长史深知骆宾王为人，对此他也不甚在意。这样一来，骆宾王便更不顾他人的眼光，因为他相信自己做的是正确的事，公正的事，即使遭到非议，也无愧于良心。但是就像我们说的，当时朝廷内部有许多因为政治斗争失败而被诬陷入狱的官员，如果将他们的案件仔细复查起来，则会发现多半是编造出来的罪状，或是完全莫须有的罪名。骆宾王每每查到此处，都要逐一核实，一旦发现错案，便秉笔直书，向上级请求重新审理，并将确凿证据一并呈上。重新启动案件审核是要向朝廷上报的，骆宾王屡次三番地提交申请，有些被冤枉的官吏确实因此得到了公正的判决，而另外一些触动皇族内部武氏利益的案件，则多半石沉大海，杳无音讯。骆宾王为此便大胆向朝廷进谏，并借此对朝中一些看似合法实际不法的行为进行痛斥，言辞忠恳而铿锵有力，使得武氏政权内部有非法勾当的利益集团极为难堪。

如果只是针对案件复查提出申请，这属于侍御史的职责范围，即使真地触及到政治斗争，也多半会得到维持原判的上级回复。这虽然会遭来那些贪赃枉法者的贬义，但也不至惹来杀身之祸。但是骆宾王屡次向朝廷进谏，并对当朝政治斗争的核心进行抨击，则深深地触碰到了武则天本人的利益，因此这些谏言还没有传到武则天的耳朵里，就已经被武氏在御史台内部的亲信所截获，鉴于这个秉公执法之人在此位置对他们的利益构成了严重威胁，因此这些亲信与"上级"商量之后，胡编乱造了骆宾王对皇权大不敬的罪名，上报给了朝廷，骆宾王也因此被捕入狱。

骆宾王万万没有想到，自己一身正气，铁面无私地处理了一桩桩冤假错案之后，不但没有被嘉奖，反倒因向朝廷进谏良言而遭诬陷，成了阶下囚。他在入狱之后，彻夜不能眠，感到有口难辩，悲从中来，于是写下了《宪台出絷寒夜有怀》：

> 独坐怀明发，长谣苦未安。
> 自应迷北叟，谁肯问南冠。
> 生死交情异，殷忧岁序阑。
> 空余朝夕鸟，相伴夜啼寒。

在这首诗中骆宾王无奈地抒发了自己被诬陷入狱后悲苦难安的苦闷情绪。之前在同事中原本有支持自己的人，但在获罪之后却都纷纷缄默不语，骆宾王深感世态炎凉，人情冷漠，如今大家都各自保全，也只剩下狱墙之外的乌鸦在半夜为他悲鸣。

这年八月份以前，骆宾王一直在狱中，因为是含冤入狱，他在狱中作了《幽絷书情通简知己》《萤火赋》等多首诗赋以明志。而最著名的的要数那首《在狱咏蝉》：

> 西陆蝉声唱，南冠客思侵。
> 那堪玄鬓影，来对白头吟。
> 露重飞难进，风多响易沉。
> 无人信高洁，谁为表予心？

骆宾王在此诗之前用了大段篇幅来写小序，大段的序言告知我们，在被囚期间，他不时望见夕阳树荫下有秋蝉嘶鸣，再一想到蝉生活习性是如此洁身自好，高居树上而不畏强敌，那种不因道路昏暗而蒙蔽双眼，不以世俗混杂而失却真心的精神深深打动着他，骆宾王又联想到自己的遭际，前途未卜，惴惴不安，因而成文。最后一句"无人信高洁，谁为表予心"更是表现出了诗人坚持自己正直高洁的品性，期望有人能够真正看到，让他获得公正判决。

骆宾王在《畴昔篇》中运用大段的篇幅来叙述这一次遭到迫害的经历：

> 果乘骢马发罟书，复道郎官禀纶诰。冶长非罪曾缧绁，长孺然灰也经溺。高门有阅不图封，峻笔无闻敛敷妙。适离京兆谤，还从御史弹。炎威资夏景，平曲况秋翰。画地终难入，书空自不安。吹毛未可待，摇尾且求餐。丈夫坎壈多愁疾，契阔迍遭尽今日。慎罚宁凭两造辞，严科直挂三章律。邹衍衔悲系燕狱，李斯抱怨拘秦桎。不应白发顿成丝，直为黄沙暗如漆。紫禁终难叫，朱门不易排。惊魂闻叶落，危魄逐轮埋。霜威遥有厉，雪枉遂无阶。含冤欲谁道，饮气独居怀。

在狱中，骆宾王与外界完全隔绝，深深感到孤立无援，然而在狱外，乐长史和裴行俭等都在积极地为骆宾王进行平反，但屡次被朝廷的主政要员压制，两人无奈只得多方疏通。终于在这年八月，武则天下令大赦天下，骆宾王才因此获释，结束了这段含冤入狱、有苦难言的悲惨经历。此时的骆宾王，内心感慨万千，在狱中的生活使他对自己的人生做了一遍又一遍的回顾，于是在他出狱之后，回到家中即提笔作了《畴昔篇》，将其在狱中对人生和自己际遇的思考全部叙述其中。这篇长诗，感情真挚，文辞质朴，最重要的是，它成了日后我们考察骆宾王生平事迹最确凿详实的珍贵资料。

骆宾王在出狱之后，被贬为临海丞，命第二年开春上任。骆宾王虽然不愿赴任，但刚遇赦，又不敢再多说什么，于是只好应允下来，但此时他的心态却发生了翻天覆地的变化。初次应试，考场失意使他从一个稚气未消的孩子成长为熟谙世事的少年，他明白了官场的复杂多变。而第二次辗转求荐，结果却位卑职低，使他了解了求仕过程的艰辛，而这一次因为自己直言进谏却反遭入狱下场，使他真正了解了官场的黑暗与丑恶。在狱中对人生的思考使他对仕途彻底地失去了信心，如今他再也不愿踏入那个乌烟瘴气、指鹿为马的墨池，他只愿平安度日，寄情山水。因此对于临海丞这样一个官职，他只得勉为其难地接受，却再无心创造出什么大作为了。距离上任的日子还有大半年的时间，这段日子骆宾王在家中闲居，离开了御史台，他终于不用再忙于政事，每天可以陪陪妻子和孩子。因临海地处东隅，距离义乌不远，而此前母亲去世，灵柩在浐水，父亲则一直在博昌。让父母落叶归根一直是骆宾王的一个心愿，此前因为在御史台职事，一直也没有时间，如今终于可以闲下来，也好让父母二老可以安眠。于是与妻子商量过后，一家人先到博昌，后一路南下返回到义乌老家。

经过辗转，骆宾王一家老小携着父母的灵柩终于回到了阔别已久的故乡义乌。骆宾王的祖父骆卫淇乃是骆氏宗族第二十代嫡孙，而到了骆宾王这里，就已经是第二十二代，这些年来骆宾王在外出仕，取得了不小的成就，尤其是在文坛上的地位更是不可撼动，就连义乌几岁的小孩子都知道宗族里出了个闻名全国的大文豪。现在骆宾王回来了，而且是带着父母亲的灵柩一同归来，骆家庄一下子又恢复了生气。宗族上下忙里忙外，先是为骆宾王一家安排好了住处，随后又开始准备将骆履元同妻子灵柩与祖宗同归。在接下来的日子里，骆宾王一家忙得不可开交，在骆氏宗亲的帮助下，在村子里举行了极其隆重的归葬仪式，亲朋好友络绎不绝地前来祭拜，父母亲在外多年，如今终于可以返回故乡，落叶归根了！

　　待到第二年春天，骆宾王安排好家中一切，便向临海出发。临海乃是祖国东南的一处小县城，身在县令府终日也基本上没有什么政事，而此次骆宾王已经全无心思在临海久留，归隐的念头一直在他脑海中盘旋。于是在为官一年半以后，骆宾王终于下定决心，找了个借口，辞官归隐，再次返回义乌。

六、参与起义与人生终点

1. 武氏专权下的唐朝政坛

骆宾王所处的时代，乃是唐朝历史上较为特殊的一个时期。它的特殊之处就在于原本是高宗当政的朝野，却在高宗身后出现了一位魅力十足而又野心极大的女人，这个女人不似历代嫔妃只徘徊在后宫，而是公然来到朝堂之上一步一步地操控着大唐的政治，使得李唐王朝一度被别姓取代，这个女人就是武则天。而骆宾王在这人生最后阶段的命运也与这个野心勃勃的女人有着不可脱节的重大关系，因此在这里我们有必要将这一段特殊的历史重新温习一下。

在前面我们讲过，武则天原为太宗身边的"才人"，但在太宗病重之时，却与太子李治发生了不伦之恋。李治即位以后，武则天本已经入道为尼，但当时王皇后为了除掉得宠的萧淑妃，想到高宗李治乃是顾念旧情之人，于是将武则天又接回宫中，随后武则天便开始了她一步一步夺权上位的计划。武则天靠自己的美色将李治迷得神魂颠倒，但她是先皇的才人，如今又二次入宫作为新皇帝的宠妃，朝中大臣多认为这有悖人伦，于是议论纷纷，遂向皇帝进言，建议废掉这个妃子。武则天深深地感到自己地位不保，于是动用了各种手段，来巩固自己在皇室中的地位，她不仅要维护自己，更是要超越这一地位，因此不惜亲手杀害了自己的亲生女儿，并嫁祸于当时的王皇后，终于使高宗在一怒之下废掉了王皇后。在武则天的教唆之下，高宗又同长孙无忌、褚遂良等朝廷中元老之臣抗衡，不顾众臣反对，新立了武则天为皇后。

为了树立自己的名声与权威，武则天在朝廷内外下了不少功夫。首先，武则天为了树立自己的公正贤明形象，不惜将自己的手足置于死地。早年在武则天父亲死后，两个同父异母的哥哥对武则天母女十分不好，而在武则天当了皇后之后，兄弟两人又企图邀功行赏。武氏并非没有对他们封赏，但兄弟二人对此并不满意，于是武氏马上抓住这个机会，向高宗请示，先后将武氏兄弟贬到偏远之地。朝中大臣见到武则天不吝惜手足之情，秉公办事，也纷纷开始对她刮目相看，于是借着报仇的机会，武则天树立起了自己"贤德皇后"的名声。此后，武则天又开始在朝廷内部大刀阔斧地进行改革。为宣扬自己的功德，她特意撰写了"外戚诫"，提出要约束外戚，防止历代出现的外戚之祸，让大唐长治久安，此举一出，武则天的威望一下子又得以提高。最重要的一点是，武则天在当上皇后之后逐渐开始强势干政，甚至帮助李治批阅奏折。高宗李治不似太宗般文治武功，在治国方面也时常感到力不从心，武则天正是抓住了他的这一点，时常借关心皇帝、为其分忧为由，直接干预国家治理方面的决策，高宗虽觉得不妥，但每每想到烦乱的国事，又想到皇后这般尽心尽力替他分忧，只好作罢。

在强势干政的同时，武则天为了巩固和扩张自己的势力，她培养了许敬宗、李义府等一批心腹之臣，同时对于此前与她相抗衡的褚遂良、长孙无忌等人，逐步展开了极其阴险恶毒的报复计

划，也就是说从此时开始，原本平静的大唐王朝，陷入了一系列风起云涌的内部斗争之中。

武则天虽然立为皇后，但是废皇后和废淑妃此时被打入冷宫，这两个人一日不除，她便一日不得安心。某日她打探到这两人买通寿太医，想要密谋杀害自己的儿子代王李弘的事，于是借此机会，设计使李弘生病，喝下已经被寿太医下了毒的汤药，并第一时间使李治察觉此事，通过寿太医之口查出乃是废皇后和废淑妃的阴谋，终于铲掉了废皇后和废淑妃。

废皇后和废淑妃铲除之后，武则天接下来的目标则是着手废立太子。许敬宗有了武则天作为庇护，在朝堂之上变更加口无遮拦。于是在武则天的指使之下，许敬宗竟公然上奏要求废太子忠，立李弘为太子。而在此之前，皇后被废，太子忠已经十分害怕，担心武则天会杀了他，他便与他的老师上官仪商议，上官仪建议太子忠当着皇上的面请求退位。但当时李治并没有同意，而太子忠的母亲刘氏见儿子太子之位不保，恨透了武则天，于是在宫中制造了闹鬼的假象，企图吓一吓武则天，而这一计谋再次被武则天识破。她揭穿了刘氏的把戏，被识破之后的刘氏当场自杀身亡。这一次，太子忠深知自己也将大难临头，于是带着心腹太监王伏胜和上官仪，偷偷地找到长孙无忌，想让他出个权宜之策。长孙无忌担心太子忠被杀，于是便出主意让太子忠自己在朝廷之上当着众大臣的面向皇帝提出退位的请求，并主动要求戍边，以确保自己的性命安全。在这一场朝廷内政治格局的变更中，武则天顺利地达到了目的，太子忠退位，李弘旋即被立为太子。

当年高宗要废王立武，在朝中引起轩然大波。以长孙无忌、褚遂良为代表的元老重臣们极力反对，朝中对于立武则天为皇后

的事产生了两党，最终武则天力挽狂澜，扭转时局，但她对那些一直与自己唱反调的当朝元老记恨于心，所以一找到合适的机会，就动用计谋将其铲除。褚遂良当年在立后问题上，是反对派的代表人物，他曾经不惜性命，以示高宗反对立武的决心，因此武则天认为，此人不除，必有后患。于是借着太子忠之事，褚遂良被贬出长安城，而李义府被提升为中书令。到了八月，许敬宗、李义府两人又极力迎合武后，诬蔑韩瑗、来济同褚遂良一起策划谋反之事。高宗听信谗言，再贬褚遂良为爱州刺史，同时贬韩瑗为振州刺史，来济为台州刺史，此后不久两人都客死他乡。就这样，反对武则天的势力此时一步步瓦解。褚遂良之后，长孙无忌便成了武则天最大的目标。武则天最忌恨长孙无忌，但他不同于褚遂良等，不但是佐命元勋，更是高宗的元舅，要将之搞垮，需要时机。

就在这个时候，李治因为风疾发作，整日头昏目眩，因此将朝政都交付武则天处理，武则天对政权把持得越发地紧了。于是，武则天借此机会向唐高宗建议让她和高宗一块上朝，临朝听政，合称"二圣"，这使她的政治经验和影响力进一步增长了。这时候，长孙无忌编撰了自己的呕心沥血之作《大唐新礼》，大讲为妇之道，并在朝廷上上奏，想让李治颁布并施行，用这种手段来对武则天的权力进行约束。但武则天的心腹许敬宗则为了挑拨长孙无忌与皇上之间的关系，在武则天的示意下当廷撕毁了《大唐新礼》，长孙无忌自知已经无力回天，从此心灰意冷。眼看着曾经的同盟，如今都一个个遭受到了厄运，长孙无忌此时似乎也预感到自己将要大难临头，于是他决定远离朝廷的纷争，辞官归隐。可武则天怎么能放过一直以来处处与自己作对，处处倍加刁难自己的长孙无忌呢！

于是在显庆四年（659年），就在长孙无忌准备告老返乡之时，

在武则天的授意下，许敬宗费尽心机，把长孙无忌编织进一桩朋党案，进行恶毒陷害。许敬宗借处理太子洗马韦季方和监察御史李巢朋党案之机，诬奏韦季方与长孙元忌构陷忠臣近戚，要使权归无忌，伺机谋反。高宗李治一开始不信，于是命许敬宗重新查案，而许敬宗竟然添枝加叶胡乱编造了犯人的供词，呈给李治，李治看后哭着说："舅若果尔，朕决不忍杀之，天下将谓朕何，后世将谓朕何！"许敬宗见皇帝不忍心，就举出了汉代时期文帝杀舅父薄昭，天下以为明主的事例，催促其下决心。在痛苦的纠结之后，高宗下诏削去了长孙无忌的太尉官职和封邑，流徙黔州，但准许按一品官供给饮食，算是对舅父的照顾，长孙无忌的儿子及宗族全被株连，或流或杀。与此同时，废太子忠被贬为庶人，也流放到黔州，他这时才18岁。身为皇帝的长子，他过的却是惶惶不可终日的生活，经常担心武则天派人来刺杀他，神经高度紧张，变得疯疯癫癫，这才躲过劫难，留下一条活命。

三个月后，高宗又令许敬宗等人复合此案，武则天密令许敬宗派中书舍人袁公瑜逮捕长孙无忌，长孙无忌以为高宗将要"赐死"自己。他为了自己的尊严，最终选择悬梁自尽。长孙无忌作为唐朝开国的第一功臣，对于大唐的建设有着不可磨灭的至高功劳。他曾辅佐太宗皇帝，并参与玄武门政变，帮助太宗夺取皇位。他从不居功，也不自傲，将毕生的精力都用在了协助唐太宗、唐高宗治理朝政上，而如今面对这场宫廷斗争，他最终也没逃过"故国破，谋臣亡"的悲惨命运。至此，把持朝政多年的长孙无忌及其党羽全军覆没，武则天终于从他们手里夺回了皇帝的实权，实际上，就是她自己的实权。

与反对派的斗争结束后，朝廷内部却并没有因此获得安宁。

武则天看似已经消除异己，但经过这一番斗争，她毒辣的手段和对朝纲的过度干预，令太子李弘感到了深深的危机，因此李弘与母亲的关系变得复杂紧张起来，而那些反对武则天的朝臣，更是借此间隙，紧密筹划着推翻武氏的图谋。

太子李弘虽为武则天亲生儿子，但是却一向与武则天的亲姐姐韩国夫人关系亲密，而在此之前，高宗李治与韩国夫人也暧昧不清，因此武则天的心中对韩国夫人产生了仇恨，最终设计将其杀害。韩国夫人死后，太子李弘与母亲武则天之间的关系更为恶劣，而上官仪则趁此机会鼓动太子夺回李家政权，共谋除去武则天的心腹。上官仪等抓住了李义府的罪证，上奏皇上，武则天忍痛将李义府流放寓州。乾封元年（666年）李义府死于流放地，至此，武则天失去了一位心腹。武则天的心里自然是十分难过，因此她在夜里常常做噩梦，梦到李义府向她求救，终日心神不宁。于是上官仪同废太子的心腹王伏胜设定计谋，骗武则天在宫中招道士做法。而在宫中行巫术乃是绝对禁止的事情，武则天却铤而走险，结果上了上官仪的当，被高宗抓住现形。李治极为震怒，韩国夫人的死激发出来的悲愤终于爆发。魏国夫人也一再唆使高宗废除武后，高宗李治派王伏胜召来宰相上官仪，与他商议废去武则天皇后之位。就这样魏国夫人与上官仪联手拟好了诏书准备在朝廷宣布，而这时武则天听到了密探的消息，衣衫不整地跑过来，高宗李治竟然一时不敢承认。于是武氏悲从中来，细数这些年来自己为皇上、为大唐江山不辞辛劳，而如今皇上却听信他人谗言，将自己废掉，没想到会落得这样的下场。回想起这些年来，武则天辅佐高宗确实做了许多明智的决断，高宗性情懦弱，若是没有武则天这个女人在背后为其出谋划策，想必也做不到今天的成绩。想到此，高宗被武氏打动，便当面把废后诏书撕毁了。第二天早晨，上官仪和魏国夫人正期盼着诏书的宣布，却没想到他们等来的是杀身之祸。武后恨透了这两个挑拨离间之人，于是她私下密召许敬宗设法以上官仪、王伏胜串通废太子忠谋逆罪上奏李治，李治看了奏章，信以为真，下令逮捕了上官仪和王伏胜，将他们两人和上官仪一家全部处斩。

在此之前，武则天向唐高宗建议让她和高宗一块上朝，但武则天并不满足，由于高宗在位时国力昌盛，所以武则天极力劝说高宗封禅泰山。按照封禅的制度，祭祀昊天上帝时先皇配享，祭祀皇地祇时太后配享，封禅的时候先由皇帝初献，公卿当亚献，因此封禅并没有皇后的事。于是武则天又说，封禅为祭地之仪，由太后配享，彰显后土之德，让公卿当亚献非常不妥，因为男女有别，不能让外臣来祭祀，所以要让她自己充当亚献，好孝敬孝敬自己的婆婆，高宗果然答应。后来在麟德二年（665年）正月初一这天，她与高宗一块封禅泰山，充当亚献，而且还给百官赐爵加阶，使百官对她感恩戴德。此时，也就有了我们之前所提到的骆宾王做《为齐州父老请陪封禅表》一文。封禅大典乃是承德贤明于世有极大功劳的君王才可行的礼数，而高宗一个政绩平平的君王，却要行封禅大典，可以看出武则天的用心绝对不在于此，而是要昭告天下皇权的威严。

在此之后，宫中的明争暗斗更为激烈，武则天拼命吸收着皇权，想要稳固自己的根基，另一方面，以魏国夫人为一党的反武派却一再挑拨着高宗与武氏之间的关系，而此时太子弘对母亲武则天的做法也深感不满。而此时一心想要为母亲韩国公主报仇的贺兰兄妹，也乘机陷害武则天，不料却被武则天识破，运用计谋

先借着贺兰敏月之刀将魏国夫人毒死，后又以谋害魏国夫人为名将贺兰敏月杀掉。高宗李治心知肚明，这一切都是武则天在幕后所为，却始终是敢怒不敢言，他内心越发地感到孤独，太子李弘也对母亲武氏更加疏远。

在此之后，武则天所面临的最大危机，来自于他的亲生儿子太子李弘。又一次除掉心中之患后，武则天跟皇上商议，李治和武则天驾幸东都洛阳，考虑治国之策，让太子留京都监国，锻炼其治国能力。李弘于是策划借此机会扭转时局，他积极谋划，准备帮助父亲保住李姓江山，不让大唐被母亲夺走，欲趁此监国之际，在政治上树立自己的形象。于是在武则天思虑治国之策的时候，太子李弘也开始积极扩大自己在朝廷内外的影响。刚好这一年长安大涝，李弘立刻下令把宫中的粮食分给百姓，设棚施粥，此举赢得了大臣和老百姓的赞誉。李弘又针对朝廷处置士兵逃亡者，家属要没籍为奴的法令，上奏李治，根据实际情况放宽处置，李弘在朝内外获得了极大的赞誉。武则天为儿子的这番作为感到高兴的同时，也忽然意识到，李弘如今再不是那个惟命是从的懦弱太子了。他变得非常固执，常拿出圣贤的话来反驳，甚至批评自己，武则天心里很不安。因此武后与太子的矛盾愈演愈烈，逐渐在朝廷中出现了两个派别，分别支持武则天和太子李弘。

武则天为富国强兵，也着手实行新政改革。武则天以"天后"的身份向李治上了一道奏章，提出了治理国家的十二条意见。在"建言十二事"中，武则天系统地阐发了自己的政治主张，每一条都切中时弊，得到李治的大力支持，使李治更敬佩武则天的治国才能，意识到她远远比自己高明。武则天的这些主张也受到朝廷大臣和百姓的欢迎，此时，她为了扩大自己在全国范围内的影响力，稳固自己的根基，同心腹许敬宗商讨，将皇帝和自己进一步加封号，于是许敬宗奏请将皇上进号"天皇"，而武皇后则进号为"天后"，这也是历史上空前绝后的对皇帝、皇后的加封。

天皇李治深知武则天这样做的目的是为了进一步把持朝廷大权，对此他已经对武则天感到深恶痛绝，但出于自己政治能力有限，而武则天所作出的决断又确有实效，所以天皇李治也无话可说。于是在暗中，李治同太子李弘商议，为避免朝政全落在武则天的手中，合计将许敬宗罢黜官职，使武则天失了左膀右臂。随着时间的推移，李治的身体日渐衰弱，于是他心里萌生了传位给李弘的念头，李弘暗自高兴。朝中大臣联名上奏，推荐李弘继承大统，一时在朝中形成了拥戴李弘接位的阵势。李弘雄心勃勃，准备接替父亲登上皇位，武则天见局势难以挽回，于是以退为进，同意李弘继承皇位。李弘已经开始和武则天针锋相对，他决定在登基之后让武则天回到后宫，不再干预朝政，而朝中大臣也纷纷响应李弘的决议。在喜庆宴会上，李弘喜不自胜，却因为喝了太多酒，肺痨病复发，昏迷了过去。至此，武则天又重新掌握了大权。

太子李弘，认定了母亲武氏是要将大唐江山据为己有，遂完全与母亲决裂，更暗中派人刺杀武氏。武则天由于儿子对自己恨之入骨，心中也是苦涩难言。李弘亦能感觉到武氏对自己的母爱，但面对着忠孝不能两全的现实，李弘内心十分痛苦，想到母亲为国家尽心尽力，自己又派人刺杀她来保全父亲的皇权，他万分悔恨，最终太子李弘在万分纠结与痛苦之中自尽。

太子李弘死后，这一场太子与武后之间的朝廷内战已经告一段落。但李弘之死，使李治极为哀痛，病情加剧。武则天内心也很痛苦，厚葬了这个儿子。随后，李贤被立为太子，原先辅佐李弘的东宫大臣全都归到了李贤的门下。李贤文武双全，很有才华，也很有雄心，深得李治和武则天的喜爱。他被立为太子后，很想有一番作为，让李治早点让位给他。上官婉儿是上官仪的孙女，当年上官仪遭灭门之罪时，武则天见这可怜的女孩小小年纪却又雄心勃勃，于是将她留在身边，要看看她长大后如何为祖父报仇。如今新立太子李贤对这位上官婉儿情有独钟，于是上官婉儿便借此寻找能再次挑起母子互相残杀的机会。

自总章三年（670年）开始，在武则天的倡导下，朝廷设立武举制度，由兵部主持武举考试，考试科目有马射、步射、平射、马枪、负重摔跤。太子李贤在上官婉儿的鼓励之下和周王李显同时参加了这次比武，力图一鸣惊人，可以到北方战场上立下一番功劳，但结果却是李显被派往前方战场。于是李贤再次想方设法做出轰动之事，以彰显自己的能力。之后他便开始注《后汉书》，此书乃是记载西汉大权落在吕后和外戚手里的史实之书，武则天很快便警觉到太子是借此来影射自己干预政权，而上官婉儿便借此机会离间母子二人。此时高宗的身体越来越差，明崇俨无意间对武则天和李治说道，李贤聪明睿智，但福薄寿短，恐怕没有天子之命，武则天听后，对李贤更是担忧。在一边偷听的上官婉儿把明崇俨的话告诉了李贤，因此李贤暗杀了明崇俨。后来在户奴赵道生的挑拨离间下，李贤终于决定要造反，并想出要扣留天皇李治和太平公主作为人质的计谋。武则天震怒，派兵马包围东宫，搜出五百套盔甲兵器，把李贤逮捕。武则天没想到儿子竟然想谋反，哀痛之余决心严惩，此时身为皇帝的李治感到伤心欲绝，躲到了太平观。武则天于是下令把李贤废为庶人，李显被册立为太子，移居东宫。李治身体每况愈下，回到洛阳，准备大赦天下，颁布完遗诏后，没有回到长安就病逝了。

高宗去世之后，太子李显继承皇位。但李显是极其平庸之人，政治上毫无头脑，登基之后不仅置武则天之前的"建言十二事"不顾，还终日以皇帝的身份胡乱治理朝纲，因此一度出现朝纲混乱、奏章堆积无人处理的情况，大唐的政治每况愈下。此时朝中宰相裴炎以辅佐皇帝为由逐步实行专权，而武则天也有自己的势力，见此状况，开始重新干预朝政。李显受韦皇后唆使，准备要大封韦皇后家族，武则天大怒，指斥李显败坏纲纪，于是召集众大臣，宣布废李显为庐陵王。于是李显只当了两个月的皇帝就下了台，李旦被立为新皇帝，但李旦忠厚老实，见几个兄弟都没好下场，在武则天面前战战兢兢，任由武则天管理朝政。

从此，武则天在紫宸殿内视朝听政，睿宗这个皇帝形同虚设，而此时武则天的野心，也并不只在于垂帘听政了。她为了独掌大权，打压李姓皇族势力，开始将武承嗣提升为宰相，重用武姓，扩大武氏家族在朝中的势力。武则天的专权行为，一直为朝中和地方的臣子官员们所议论，如今在武则天执政下的李家王朝眼看就要被武家所取代，长安内外的贤德之士更是纷纷捶胸顿足。当年高祖一扫天下，太宗文治武功，将李唐王朝推向高峰，如今竟然被一个女子夺去，实在是有违列祖列宗。因此，各地也都有所异动，同武氏的专权行为相抗衡，全国上下对于武则天的种种行为深表不满，企图通过起义的方式推翻武则天一揽独权的政治局面，于是在此时，一场全国性的叛乱也即将爆发。

2. 敬业起兵，为作檄文

自武则天将李显废黜之后，朝廷内外则纷纷对武氏的做法表示不满，武则天对于此种状况进行了严密的控制。无论是当朝的文武百官，还是地方上的老百姓，武则天都进行了严密的部署与监视，控制他们的话语权，一旦发现有不忠于朝廷者，或者发现有对武则天不利言论的，当即处理。一时间全国上下民众都变得诚惶诚恐，不敢谈及政事。可是越是这样的打压，往往就越会出现反抗。

此时已经是骆宾王罢临海县令的第四个年头。骆宾王如今虽赋闲在家，但对于朝廷之中风起云涌的政治变革，却时刻关注。朝廷不让谈及政事，可越是这样的高压，人民则越不堪忍受，骆宾王又是个性张扬、不受束缚之人，因此和志趣相投的朋友在一起时，大家总会在私底下议论政治态势。武则天罢黜中宗李显，激起了全国上下的不满，骆宾王的内心也有暗流涌动。此时大家都已经看准了武则天的野心并不会满足于临朝称制，下一步必然进一步扩大自己的势力，因此也互相叮嘱注意身边将要发生的事。

这一天，骆宾王正在家中饮茶，突然门外有人造访，来人乃是曾经任御史台御史的魏思温。骆宾王当年任侍御史的时候，和魏思温有过几面之交，听闻此人学识渊博，秉性刚直又甚有谋略。如今因为在朝廷之内说了对武氏不敬的言语，因而被罢免，只是骆宾王已经赋闲在家四年之久，魏思温此次突然造访，令他有些意外。将魏思温迎入屋内之后，二人闲叙了一阵，说起了朝堂之中武氏窃国之事，不免有些激愤。魏思温慷慨陈词，认为天下凡有志之士都应揭竿而起，用一腔热血来捍卫我大唐江山。如今朝堂权贵，个个怯于与武氏对抗，为了保住自己的性命，宁可委曲求全。他以为，忠贞之士如今已经不能寄希望于朝堂之臣，而必须独立行动，高举正义之旗，阻止武氏妖孽窃国篡位之勾当。

骆宾王听了魏思温的激昂话语之后，内心也是波涛汹涌。魏思温的话语，正说出了骆宾王的心思，只是身在洛阳，立处孤位，想要揭竿而起却苦于报国无门。骆宾王将自己的想法也说与魏思温，表明自己愿意为匡复李唐王室尽力的心志。魏思温听后大喜，不住地说："看来我这一次没有白来啊！"于是，从怀中掏出一封信交给骆宾王，写此信之人正是当年一直说要做一番大事为祖父赎罪的徐敬业，如今机会终于来临了！当着魏思温的面，骆宾王展开信件阅读，徐敬业在信中用不少的篇幅表达了对骆宾王这位许久不见的好友的思念之情，同时又恳请骆宾王在六月到扬州一趟，共商国是。

　　原来，徐敬业在去年从眉州刺史贬为柳州司马，被武则天削夺了一个州的军政大权。当年徐敬业祖父李勣将武则天立后的问题归为家事，提出"外人无权干涉"的说法，为立武则天为后起到了决定性的作用，因此武则天对李勣一向很是敬重。但徐敬业乃是刚正不阿之人，面对着武后想要夺取皇权之事，他深深地感到不满，于是经常也在私下同其他官员议论此事。事情传到了武则天的耳朵里，她对徐敬业起了疑心，遂将其贬谪。徐敬业因此对武则天更是深恶痛绝，他感到大唐王朝已经是危在旦夕，而自己不想将命运完全系于武则天的手中，心想不如借此机会大干一场。而且恰在此时，武则天又借刀杀人迫使李弘自尽，一个连自己亲生骨肉都能杀掉的女人，她的心肠是何等的狠毒，李唐王朝若是真地掌控在她的手中，后果简直不堪设想，遂决定采取行动。而骆宾王又是旧时好友，徐敬业深知其为人性情刚烈，正义果敢，而其文笔才华更是享誉全国，如果起兵能得到他的帮助，则必为胜利增添不少筹码，而此前魏思温与徐敬业交情不浅，徐敬业将起兵之事与魏思温商量之后，得到了魏思温的积极支持，这一次恰逢到义乌，便一并将徐敬业的书信带给骆宾王。

骆宾王看完信后，魏思温对他微微一笑，骆宾王便知道，必将有大事要发生。骆宾王深知徐敬业的为人和胆识，如果让徐敬业作为匡复唐王朝的领军人物，确实是实至名归。骆宾王此时已经年近花甲，初出茅庐时一心想着为国效力，却始终不能如愿，后来看破了官场的险恶，寄情山水，看到武后的专权，却心有余而力不足，此时看到徐敬业等为着大唐的匡复尽心尽力，他的一腔热血也再次沸腾了起来。此次魏思温前来，并未提到匡复大唐的具体谋划，只说一切都等六月时具体商定，希望骆宾王能够前往，眼看时间也不早，魏公遂告辞离开。骆宾王将魏公送至大门口，内心感慨不已，正所谓"老骥伏枥，志在千里。烈士暮年，壮心不已"，骆宾王已经预感到有一场巨大的风浪将要来临。

此后，骆宾王将相关事情对家人做了交代，打点好一切之后，造访了几位义乌的好友，但并未提起将行之事，而是与大家一起像之前一样饮酒作诗，只不过，所做的都是一些怀古伤今之作。五月末，骆宾王与妻儿告别，说作赴扬州拜访旧友，直奔扬州城。他们不知道，此一别即是诀别。骆宾王不知道迎接自己的是什么，但他似乎充满了自信与希望，他只知道自己将做的必是忠于国家之事，心里的那股暗流终于激发出来。

六月中旬，骆宾王来到扬州城，直奔徐敬业家中。而此时，徐敬业的弟弟徐敬猷，以及魏思温、杜求仁等人都已经到达。徐敬业见骆宾王应约而至，心中十分感激，他紧紧拉住骆宾王的手，情绪激动地说："当前情势危急，骆公京洛归来，心里自然十分清楚，在此国运系于一发之际，热血男儿，自当挺身而出，为国解难。目前武氏所作所为，已经令百姓愤慨不已。天下积满干柴，只要有人点火，立刻就会遍地燃烧。敬业作为李唐旧臣，自愿做这个点火之人，既为保住李唐基业献身，也为祖父当年默许武氏立后补过。骆公当今文场魁手，大节高风，为世人所仰慕。此次邀骆公来扬州，就是要借骆公的声望及文笔，共襄大事，匡复大唐。不识骆公意下如何？"徐敬业的话并没有让骆宾王感到意外，他正是怀着这样一颗报国之心，自己才抛开一切来到扬州城。待徐敬业把话说完，骆宾王慷慨表态："将军为国赴难，骆某自当杖策而从，此来扬州，已经准备好一切，必要做出一番事来。"骆宾王的态度，使徐敬业欣喜不已。接着大家便开始谋划这一起兵的具体事宜。

徐敬业认为，目前人心痛诋武则天，主要有几点，第一就是她身为先皇才人，先皇过世之后竟侍奉高宗二次进宫，并且勾引高宗，谋得皇后之位；第二是她把持朝政，嫁祸于王室皇亲以及当朝元老，在朝廷内部挑起无谓斗争；第三就是先后废除太子，废除新皇，自己亲政，暴露其窃国之野心。仅凭这三条就足以触动到忠于唐王室的各阶层，而李贤已死，如今只能借着辅佐庐陵王重新登基的名义进行起义，这个理由充分而又正当，定会得到朝廷内外的响应。

于是徐敬业等决定以"匡复唐室，拥戴庐陵王反正"为政治纲领，并以此号召天下志士仁人共同勤王。徐敬业选择在扬州起兵，主因是他的祖父李勣死时"赠太尉、扬州大都督"。这扬州大都督虽然是一个虚官衔，但作为嫡孙的徐敬业，借以提升自己的身份，也具有一定的号召力。且扬州之地，在江南水乡属于经济发达、文化繁荣的一等城市，这里的物资和政治影响力比江南其他地区更占优势。接下来，徐敬业等在扬州开设三府，即匡复府、英公府，以及扬州大都督府。徐敬业自认匡复府上将，领扬州大都督，同时以唐子奇为左长史、杜秋仁为右长史。李宗臣为左司马，薛仲璋为右司马，魏思温为军事，骆宾王为艺文令，江都令韦知止为英公府长史。

要做到万无一失，除了扬州方面的准备之外，还需要在朝廷之中有人做内应，而裴炎为当朝宰相，他在朝中势力强大，是最佳人选。因此徐敬业让骆宾王为其起草一份文书，希望能取得裴炎的支持，和他一同起事。骆宾王光着双脚蹬在石壁上，捋着胡子静静地思考，一顿饭的功夫，想了出来。但他做的不是一般的文书，而是做出了一句简单的歌谣："一片火，两片火，绯衣小儿当殿坐。"并且教给裴炎庄上的小孩子吟咏，没过多久，整个长安城的小孩便都会唱了，连朝廷都知道有这样一句歌谣。裴炎不知道什么意思，于是找当地有学识有谋略之人去解释，那人一看这句歌谣，大惊，向裴炎道出其中玄机："上一句说'一片火，两片火'加一起乃是'炎'字，而'裴'字拆开，则是'非'和'衣'字，这句是说您将谋得皇位！……"那人话还未说完，裴炎恍然大悟，赶紧堵住那人的嘴，内心却有些得意。于是过了几日，裴炎召骆宾王到堂上，他知道骆宾王是个不可多得的人才，于是几次向他提及想要通过赠与其宝物锦绮来收买他，骆宾王皆不言。于是裴炎又用音乐、女妓、骏马等来贿赂他，骆宾王依然不语。最终，裴炎拿出了一幅收藏多年的《古忠臣烈士图》让骆宾王观之，图上画着司马宣王，于是骆宾王霍地一下起身，说："他才是英雄大丈夫啊！"接着向裴炎表明了自古宰相司马氏篡取曹魏政权之道理，而裴炎如今正处于当年司马昭之位，大唐江山已经风

雨飘摇，武则天政权更是不得民心，如果裴大人能担当此任，必将造福于大唐王朝！裴炎听后大喜，两人一拍即合。接着骆宾王说："不知道大人可否听闻当街的歌谣？"裴炎大笑着诵出那句歌谣来。骆宾王走后，裴炎向着北面先祖拜说："此真人也！"就这样，裴炎作为朝中内应，参与到徐敬业等合谋的造反之事当中。

起兵之事部署得差不多后，众人觉得此时还差一篇昭告天下武则天罪行，从而发起全国性号召的檄文，于是便请骆宾王以徐敬业的名义起草一篇《讨武氏檄文》，待起义旗帜展开，即把檄文传布天下，号召朝野志士共襄勤王大业。骆宾王在朝为官时期，对于武则天的种种秽迹恶行都已经了如指掌，对她的阴毒品性，血腥残暴也是耳闻目睹，再加上此时对胜利的信心，所以仇恨切肤，豪情满怀。在这样激越情绪之下，不出两天便完成了一篇足以打动天下人心的旷世奇文《代徐敬业讨武氏檄》：

> 伪临朝武氏者，性非和顺，地实寒微。昔充太宗下陈，曾以更衣入侍。洎乎晚节，秽乱春宫。密隐先帝之私，阴图后庭之嬖。入门见嫉，蛾眉不肯让人；掩袖工谗，狐媚偏能惑主。践元后于翚翟，陷吾君于聚麀。加以虺蜴为心，豺狼成性。近狎邪僻，残害忠良。杀姊屠兄，弑君鸩母。神人之所共疾，天地之所不容。犹复包藏祸心，窥窃神器。君之爱子，幽之于别宫；贼之宗盟，委之以重任。呜呼！霍子孟之不作，朱虚侯之已亡。燕啄皇孙，知汉祚之将尽。龙漦帝后，识夏庭之遽衰。
>
> 敬业皇唐旧臣，公侯冢子。奉先帝之成业，荷本朝之厚恩。宋微子之兴悲，良有以也；袁君山之流涕，岂

徒然哉！是用气愤风云，志安社稷。因天下之失望，顺宇内之推心。爰举义旗，以清妖孽。

南连百越，北尽三河；铁骑成群，玉轴相接。海陵红粟，仓储之积靡穷；江浦黄旗，匡复之功何远！班声动而北风起，剑气冲而南斗平。喑呜则山岳崩颓，叱咤则风云变色。以此制敌，何敌不摧？以此攻城，何城不克？

公等或居汉地，或叶周亲；或膺重寄于话言，或受顾命于宣室。言犹在耳，忠岂忘心。一抔之土未干，六尺之孤安在？倘能转祸为福，送往事居，共立勤王之勋，无废大君之命，凡诸爵赏，同指山河。若其眷恋穷城，徘徊歧路，坐昧先几之兆，必贻后至之诛。请看今日之域中，竟是谁家之天下！

檄文的第一段中，便举出了武则天的种种罪行。首先从出身的角度说起，说武氏出身卑下。当初是太宗皇帝的才人，曾因更衣的机会而得以奉侍左右。到后来，竟然不顾伦理与太子（唐高宗李治）关系暧昧。隐瞒先帝曾对她的宠幸，通过各种计谋取得了在宫中专宠的地位。她天性善妒，又卖弄风情，迷惑圣上，终于穿着华丽的礼服，登上皇后的宝座。她为着一己之私竟然将君王推到乱伦的丑恶境地。其次，武氏拥有着毒蛇般的心肠，凶残成性，亲近奸佞，残害忠良，谋害自己的兄弟，又毒死自己的姐姐。这种人为天神凡人所痛恨，为天地所不容。她还包藏祸心，图谋夺取帝位。皇上的爱子，被幽禁在冷宫里，却将武姓亲属委以重要的职位。国家已经被她摧残，窃国的野心竟然如此堂而皇之。如今再也没有霍光这样忠贞的重臣，刘章那样强悍的宗室也已消亡了。"燕啄皇孙"歌谣的出现，人们知道汉朝的皇统将要穷尽，孽龙的口水流淌在帝王的宫庭里，标志着夏后氏王朝快要衰亡。

第二段开始提到了徐敬业为了挽救大唐王朝，毅然揭竿而起，表明了坚定的态度。文中以徐敬业本人的口吻去申明徐敬业乃是是大唐的老臣下，是王公贵族的长子，奉行的是先帝留下的训示，承受着本朝的优厚恩典。在社稷垂危的关键时刻，愿意愤然起身干出一番事业，目的就是为了安定大唐的江山，顺应着举国的心愿，高举正义之旗，发誓消除害人的妖物。接下来骆宾王在文中以夸张的手法极力宣扬起义军的实力和声威，说军队的实力南至偏远的百越，北到中原的三河，铁骑成群，战车相连。又列举了军队的储备充足，军容的严整，气势豪迈，战马在北风中嘶鸣，宝剑之气直冲向天上的星斗，战士的怒吼使得山岳崩塌，云天变色。通过这一系列的气势描写，可见此时此刻的骆宾王，气势激昂，对这次起兵充满了必胜的信心。

最后一部分，骆宾王晓之以理，动之以情，以君臣之义，号召那些世代蒙受国家封爵的大臣、那些皇室的姻亲、那些负有重任的将军以及接受先帝遗命的大臣们，共同拥立庐陵王。希望能借此机会转变当前的祸难，在此重要关头，不要徘徊犹豫，迅速投入到共同建立匡救王室的伟大事业中来。"一抔之土未干，六尺之孤安在"一句，形象地揭露了武则天急于废除皇帝的窃国之心。最后用"试看今日之域中，竟是谁家之天下"来作为结尾，以铿锵有力的笔法敲醒那些沉浸在享乐之中，不知窃国大患将至的官宦臣子们。简直慷慨激昂，读后振奋人心！

这篇檄文，义正辞严，气势磅礴，倾注了骆宾王毕生的政治抱负和渴望建功立业的伟大情怀。这种激情与文才的结合，造就出了这篇中国历史上绝无仅有的檄文佳作，同时也成就了骆宾王在文坛上"杰"中之"杰"的地位。

万事俱备，只欠东风。嗣圣元年（684年）五月，武则天在朝廷之内大肆封武氏家族成员为朝廷重臣，并掌握朝政。九月，又开始大封武氏先祖，大赦天下，并对旗帜、政权机构名称等进行修改，此举乃是改朝换代之先兆。于是徐敬业于本月公开宣布武装讨伐武则天，匡复庐陵王之位，同时将《代讨徐敬业讨武氏檄》传发天下，就这样起兵的号角吹响了。

武则天的政治举动在朝野之中反响强烈，大家对其做法纷纷表示反对。此时各地听到扬州起兵的消息，再加上骆宾王《代讨徐敬业讨武氏檄》的宣传，使得全国范围内忠于唐王朝的有识之士纷纷表示支持和拥护，徐敬业的势力迅速扩张开来。

骆宾王所做的《代讨徐敬业讨武氏檄》义正辞严，慷慨激昂，一时间竟在京洛之地受到人们的广泛传抄。当这份檄文传到宫中时，武则天也饶有兴趣地读了起来。当她看到骆宾王写道"入门见嫉，蛾眉不肯让人；掩袖工谗，狐媚偏能惑主"时，嘴角却露出了微笑，她心想写此檄文者竟可以用这般词句来形容一个妃子，这本是在骂武则天不但善妒，而且利用美色取悦皇上，谋得权位，但武氏却认为这从反面证明了她的美艳。然而当看到"一抔之土未干，六尺之孤安在"，武则天也被骆宾王的文采折服了，这几个字写尽了武则天妄图窃国篡权之野心，真是前无古人，后无来者！这时武则天抬头问裴炎说："这文章是谁写的？"裴炎回答说："此人乃是江南骆宾王。"武则天一声叹息："宰相安得失此人！"

武则天虽然对起兵之事心存忧虑，但看到天下竟有如此动人的声讨之文，实在是悔恨此等人才不得早重用。这篇檄文让武则天就此背上千古骂名，而骆宾王则借此树立了自己的千古盛名。

3. 起义兵败，生死成谜

徐敬业等人打着匡复大唐的大旗，在江南之地展开了轰轰烈烈的讨伐武则天起义，骆宾王《代讨徐敬业讨武氏檄》一文传出，一时间全国纷纷响应，在扬州城内集结起十万多军队。然而，形势的发展并不像骆宾王想象的那样顺利。就在此时，徐敬业主持召开了一次军事会议，讨论了接下来的战争策略。魏思温、杜求仁、骆宾王等人，竭力主张挥师西进，沿途集结山东、中原的反武则天势力，然后直奔京师，如此匡复大业，一鼓作气。同时骆宾王指出，此时气可鼓不可泄，现在天下之内，尽人皆知起兵之事，对于武则天的劣行，大家也都深恶痛绝，都在翘首企盼勤王之师有所作为。要想使起义成功，对于四处燃烧的烈火，必须不断添柴火，让其烧得更旺才行，千万不可使炽热的人心冷却。一旦决策失当，人心受挫，失去了柴薪，就好像泼上了冷水一般，对我军十分不利。与此同时，我方仅有十万大军，而武则天手上有百万雄兵，一旦让她稳住阵脚，掌握主动权，我方会很快陷入寡不敌众的状态。因此，若想取得突破，必须稳中还要求快，以快速的攻势趁着武则天尚未察觉之时便攻陷京洛之地，控制要害，再加上朝廷内部的里应外合，必将使武则天政权瓦解。魏思温等人也非常支持这一方案，认为大军决不可行动延迟，以免耽误了绝佳战机。但徐敬业为人勇武有余，谋略不足。他不懂得力量可以在前进中不断壮大，战力可以在作战实践中快速提升，反而觉得现在的队伍势单力薄，所以主张将主力部队留在扬州，进行严格训练，然后在全国范围内继续号召起兵，待各地的勤王势力都纷纷抬头之时，武则天则会陷入无以应对的多线作战模式，等到那时，大军便可西进，夺取京洛之地。此时在起义军中享有很大影响力的薛仲璋也正支持此项策略，认为"大江天险，足以为固，不如先取常、润，为定霸之基。然后北向以图中原，进无不利，退有所归，此良策也"。徐敬业的计划得到了薛仲璋的大力支持，于是决定开拓扬州为中心的根据地，之后派遣部队夺取润州。此举一出，骆宾王等人便隐约觉得不妙，魏思温更是说："兵势合则强，分则弱。敬业不并力渡淮，收山东之众以取洛阳，败在眼中矣。"

扬州讨伐武则天之火，此时烧得正旺，似有燎原之势，就连武则天也倍感惶恐，于是他叫来裴炎商量策略。裴炎作为高宗临终时的顾命大臣，对于武则天的专权已经深恶痛绝，再加上之前所听到的歌谣，他心中早就起了逆反之心。此前徐敬业派骆宾王、薛仲璋等人收买裴炎，终于形成了里应外合的态势，因此对于武则天镇压徐敬业一事，裴炎表现出并不积极的态度，并且对武则天说："皇帝年长，不亲政事，故竖子得以为辞。若太后返政，则不讨自平矣！"裴炎的话意思就是不主张出兵讨伐徐敬业大军，而是改变武后亲政的治国方略。武则天此时已经看出了裴炎在讨伐反贼这件事上所表现的态度，随后她的亲信又破解了一封裴炎准备送到宫外的信件，信中写只写两字"青鹅"，"青"即十二月，"鹅"则是"我自与"，意思大概就是十二月我将与你联手云云。于是借此把丞相裴炎斩杀。

另一方面，徐敬业的军队在夺取润州之后并没有西进之意，

而是继续在扬州布防，进一步集结力量。而这时武则天已经从最开始的惶恐之中缓过神来，借着斩杀裴炎之事，她利用这段时间进一步清除掉朝中的异己。接下来则命左玉钤卫大将军李孝逸率领三十万大军前去讨伐，各地接到这一消息之后，原本想要揭竿而起的起义军此时也不敢造次，只得按兵不动。一时间全国上下的起义陷入僵局，至此时，徐敬业已经完全由主动变为被动。徐敬业方面与朝廷的三十万大军在接下来的日子里展开了殊死的战斗。至十一月初四，武则天又派出了左鹰扬卫大将军黑齿常之为江南道行军大总管去讨伐徐敬业，在过去的苦战中，原本集结的军队此时已经是死伤严重，面对又一波强势的朝廷军队，起义军陷入了进退两难的困境之中。终于在当月十八日，徐敬业见起义军大势已去，准备和骆宾王等人乘舟遁逃，结果却被敌军团团包围。起义军中部将王那相杀死徐敬业后投降，李孝逸令追捕余党，至此轰轰烈烈的扬州起义逐渐平息。而地方各讨武势力见此情状，极为震惊，惶恐之中不敢再有异动。

"班声动而北风起，剑气冲而南斗平"的局面并没有出现，徐敬业和骆宾王所期待的风起云涌也没有出现，自始至终只有他们这一支反抗军，并没有想象中的一呼百应。从起义军异军突起，直到被镇压，只有短短三个月，徐敬业的反抗军就告失败，反武大业结束了，骆宾王的千古传奇却就此开始，至今难以破解。

关于骆宾王下落的说法，大概有以下几种：

第一种说法是骆宾王被杀。这一结局的记述在新、旧《唐书》《资治通鉴》等历史典籍中均是以寥寥数语一笔带过。首先，在《旧唐书》本传中，这样记载："敬业败，（宾王）伏诛。"说徐敬业兵败，骆宾王也跟着一起被埋伏的军队所杀。其次在《资治

通鉴》卷二〇三中又记载："乙丑，敬业至海陵界，阻风，其将王那相斩敬业、敬猷及骆宾王首来降。"说骆宾王同徐敬业、徐敬猷一样，被叛徒王那相所杀。而《新唐书·李勣传》又提到："徐敬业与敬猷、之奇、求仁、宾王轻骑遁江都……其将王那相斩之，凡二十五首，传东都，皆夷其家。"也说是在徐敬业兵败遁逃之时，被反叛的王那相斩首。此外，与骆宾王是世交的诗人宋之问曾经写过一篇《祭杜审言学士文》，文中提到："骆则不能保族而全躯。"其中"骆"指的就是骆宾王。从这几条记述中我们可以看到，《旧唐书》本传认为骆宾王是在徐敬业兵败之时，连同徐敬业等一起被武则天所派来的平叛大军所诛杀。而《资治通鉴》《新唐书·李勣传》则认为徐敬业、骆宾王等是为军队内部叛贼王那相所杀，王那相曾是徐敬业手下讨武大军中的将领，就在徐敬业兵败准备逃往高句丽之时，王那相认为徐军大势已去，为保性命，遂临时倒戈，将徐敬业、骆宾王等二十余将士的头颅斩下，投降武则天大军。而从后两条资料分析来看，似乎在敬业兵败之后，非但骆宾王本人身遭杀戮，而且累及全家和族人。

　　第二种说法，同样也是认为骆宾王在这次起义中死了，但不同于第一种被杀的观点，认为骆宾王是投水自杀。支持这一观点的人并不多，只在唐人张鷟《朝野佥载》中提到："骆宾王《帝京篇》曰：'倏忽抟风生羽翼，须臾失浪委泥沙。'宾王后与敬业兴兵扬州，大败，投江水而死，此其谶也。"认为骆宾王是落水而死，并且认为之前所作的《帝京篇》中的一句"倏忽抟风生羽翼，须臾失浪委泥沙"已经预兆了骆宾王最终的命运结局。张鷟是唐代的小说家，同时也是与骆宾王同一时代之人，《朝野佥载》的成书又早于新、旧《唐书》和《资治通鉴》，因此，关于落水自杀这一说法，也却有可信之处。因为据史料记载，王那相叛变是在徐敬业一行停舟山畔的时候，叛变的人包括他的部下。因为事情来得突然，徐敬业一遭暗算，其他的随行者在混乱中纷纷跳水逃生，这些人中有的被淹死，有的被杀死，有的逃跑了，而被淹死的人中，就很有可能包括骆宾王。这些情况大抵是一些逃生出来的人后来所说，而张鷟作为笔记小说作者，则经常搜罗这样的逸闻轶事，所以由此听到记载下来也是有可能的。记载中提到骆宾王在此前所作的《帝京篇》，此乃是骆宾王生前于边塞回到长安，对于长安城的繁荣深感震撼而作，气势恢宏，是骆宾王诗歌当中最具代表性的作品之一，在长安一带，当时被称为绝唱，因此在整个初唐影响力也是非常之大。再对比骆宾王最后落水身亡的结局，张鷟不免联想到文中提到"倏忽抟风生羽翼，须臾失浪委泥沙"。身为小说家的他，便将这一位初唐时期伟大的文人赋予神秘的传奇色彩，这也就不足为奇了。

比起前两种认为骆宾王兵败而死的结局更好一点的说法则是认为，骆宾王逃遁隐居，或云出家为僧。不同于《旧唐书》，《新唐书》本传中记载："敬业败，宾王亡命，不知所之。"但是这个记载与《新唐书·李勣传》所述有所出入。而大约徐敬业兵败二十年之后，唐中宗曾命郗云卿搜辑骆宾王的遗文，郗云卿是中宗复位后奉诏搜访骆宾王诗文的朝廷官员，他与骆宾王同时代，但比骆宾王稍晚。他在奉命所辑的《骆宾王文集》原序中，明确提出骆宾王逃遁了。序文中云："文明（唐睿宗年号，684 年）中，与嗣业于广陵共谋起义，兵事既不捷，因致逃遁。"说骆宾王兵败后出家为僧的则是唐人孟棨，他在《本事诗》中记载了这样一件事：宋之问在为官之时因为犯了错误遭受到贬黜，后来得到放还，来到江南之地，在灵隐寺中借宿。在一个月明星稀的夜晚，宋之问怎么也睡不着觉，于是就在长廊之中赏月吟诗，很快便想出了前两句"鹫岭郁岧峣，龙宫锁寂寥"，后边的却绞尽脑汁，怎么也想不出来了。这时候一个提着长明灯的老僧，从长廊另一端缓缓走过来，见此情形便问宋之问："已是半夜时分，年轻人你不睡觉在这里苦苦吟诗，是为什么呢？"宋之问回答说："在下平时喜好作诗，今夜月色极好，想在这寺中题诗一首，却苦于只想出前两句，实在是苦恼。"老僧一听，说："哦？那把前两句吟与我听听！"宋之问遂将所想出的前两句说与老僧，老僧想了一想，然后说道："'楼观沧海日，门听浙江潮'你觉得如何？"这两句遒劲而又不失典丽，随后老僧又将全诗补充完整，吟："桂子月中落，天香云外飘。扪萝登塔远，刳木取泉遥。霜薄花更发，冰轻叶未凋。夙龄尚遐异，搜时涤烦嚣。待入天台路，看余度石桥。"宋之问听后惊叹不已，老僧所赠之句，乃是不可多得的佳句。宋之问心想此老僧必非凡人，于是过了几天之后，再次来到灵隐寺，却没有见到那位老僧。经过打探，寺中有僧人告诉宋之问，这个老僧就是骆宾王啊！宋之问惊愕，那人又解释说，当年徐敬业兵败，骆宾王等全都遁逃，朝廷想要逮捕却没有抓到人，怕因此获罪，所以就在死伤的人中，随便挑了两个和徐敬业、骆宾王相似的人，将头颅进献给武则天。后来徐敬业乃为卫山僧，到九十多岁的时候才去世，而骆宾王也落发为僧，遍游名山，到了灵隐寺，如今也去世了。当时虽然兵败，但因此二人以匡复为名，所以多有相助者帮他们逃脱了。

此外，还有一种说法，认为骆宾王没有落发为僧，而是隐匿起来，他的隐匿之处大概是在现在江苏南通一带。明人朱国祯的

《涌幢小品》中提到，在明正德年间，江苏南通城东发现了骆宾王的墓，墓中人衣冠如新。这墓后来迁往狼山，遗迹至今犹存。到清代雍正年间有一个叫李于涛的，自称是李勣的三十七世孙，他说他们的家谱中记载，敬业兵败后，骆宾王与敬业之子同匿邗之白水荡，以后骆宾王客死崇川，骆墓即是敬业之子所修。

在以上几种说法中，张鷟的"谶语说"，所包含的传奇色彩较强，也别无旁证资料，因此对于之前诗中有谶语，预示命运则不大可信。但是对于骆宾王落水身亡，仍然有人坚持这一观点，而如今骆宾王研究中，引起争论最强烈的就是关于骆宾王兵败后是生还是死的问题，因为生死存亡，势不两立，所以历来争论不休。

赞同骆宾王兵败而死观点的研究者认为，从正史看，除了《新唐书》本传说骆宾王兵败后"不知所之"外，其余均说骆宾王兵败而亡。宋之问在《祭杜审言学士文》更是提到不但骆宾王死了，而且还牵连了家人。学者们认为，宋之问与骆宾王关系非同一般，骆宾王与宋之问的父亲是同僚，骆宾王诗集中还有三首赠宋之问的诗：《在江南赠宋五之问》《在兖州饯宋五之问》《送宋五之问得凉字》，两人所处时代相同，关系又密切，因此宋之问是完全有可能了解当时的真实情况的，所以文中说骆宾王"不能保族而全躯"是完全可信的。与此同时，他们还对孟棨《本事诗》所载宋之问在杭州灵隐寺遇骆宾王月夜联句事进行反驳，认为其言为虚妄，荒诞不经，乃是虚构之说。因为如上所言，既然宋之问与骆宾王如此熟识，则两人相逢时，怎么可能不认识了呢？

但是，赞同骆宾王兵败后仍存活世间的学者则认为，孟棨《本事诗》中所载之事，虽然有一些纰漏之处，但是关于兵败之后朝廷中人用假首级报送京师的说法，也是存在可能性的，王那相

为了邀功请赏，以假乱真的勾当，也属情理中事。因此，宋之问《祭杜审言学士文》中的"不能保族而全躯"那句话，也许是他错认了假骆宾王的首级之后才痛心写下的。而且不管所进献的骆宾王首级是真是假，朝廷若是想牵连他的家人，即使是假的首级，骆宾王也一样"不能保族而全躯"。因此，这一说并不会影响骆宾王生死存亡问题。还有学者认为，即使是宋之问知道骆宾王没有死，作为他的好友，恐怕他也未必肯在光天化日之下说出实话。这样，单单用宋之问《祭杜审言学士文》中的一句话作为骆宾王兵败被杀的力证，同样也是站不住脚的。而在起义过去 20 年后，朝廷再次派郗云卿搜辑骆宾王遗文，按理来讲，他应当对骆宾王的下落作过一番详细周密的调查。他在《骆宾王文集》原序中，说骆宾王"因致逃遁"，而没有说被杀，可见经过详细的调查之后，郗云卿对王那相报送到京师的两颗头颅是否真的属于徐敬业与骆宾王的，是持怀疑态度的。还有的学者认为，骆宾王的《夕次旧吴》《过故宋》《咏怀》三首诗，表达了黍离之感，故国之思，如"西北云逾滞，东南气转微"、"唯当过周客，独愧吴台空"等，这些作品很有可能是在兵败之后，骆宾王遍游山水，重返故地时候感慨而作，但这一说法没有确凿的证据进行作证，因此也是一种猜测罢了。

对于骆宾王兵败之后的生死之谜，直到今天，也依然是一段历史公案，因历史上所留存下来的有关骆宾王的资料匮乏，对于其生平中的诸多细节，也大都是后人根据零零散散的史料织罗而成。但从另一方面讲，正是因为这一点，才使得这一位中国历史上杰出的伟大文人成为一代传奇人物。

七、文艺成就与创作思想

1. 初唐时期文学创作概况

经历了隋末的农民战争以后，唐朝初建国。这一时期，人们刚刚从战乱中走出来，考虑得更多的则是安定与发展，因此在文学创作上，此时的创作还多沿袭着唐以前魏晋南北朝乃至隋朝时期的风格特色。而随着大唐帝国的逐渐发展与稳定，在文艺创作上也逐渐开始了新的尝试，并逐渐发展成为盛唐气象，诗歌更是成为了唐代文学样式的代表，而这一切都是由初唐从理论到实践的铺垫而成的。因此我们可以说，骆宾王所在的初唐文坛其实是处在一个沿袭过去与开拓创新的过渡阶段。

首先，在经历了政治上南北朝统一，由隋走向初唐的过程中，南北朝的文学也随之由对立逐渐走向融合，而在初唐贞观时期，对这种融合表现得最为明显。在初唐的贞观诗坛中，唐太宗李世民及其身边的文人多来自北方文人和南朝文士。其中北方的文人以关陇士人为主，入唐后多为史臣，他们的文学主张，受到儒家崇古尚质的诗教说影响较大，对南朝齐、梁文风则颇多微词，但又没有因此而否定了南朝诗歌艺术中的声辞之美，从而为唐诗艺

术上的发展和变革留下了余地。魏征在《隋书·文学传序》中提到
"江左宫商发越,贵于清绮,河朔词义贞刚,重乎气质……"明确
地提出了对南北文学不同艺术特色的认识以及"各去所短,合其
两长"的文学主张。而经过这一探索,唐代文人也逐渐发现,如
何用南朝文学的声辞之美,来表现气势恢宏和刚健开朗的情思,
成了初唐文人所面临的重要课题,也是南北朝文学融合的关键。
而这一创作实践,主要就是由唐太宗及群臣展开的,其中包括了
抒怀言志之作和咏史诗篇,他们在刚健质朴中加进了对六朝声律
辞采的模仿与运用。在最初的创作实践中,还常常有刻意雕琢的
痕迹,使得气格和辞采不相协调。但经过了打磨之后,出现了杨
师道、李百药等能将北方刚烈气质与南朝诗歌艺术技巧相融合的
诗人,他们的作品《陇头水》《咏蝉》等都是较为成功的作品。
于是进一步在创作上达到了南北方文学创作风格的融合。

　　然而随着唐朝社会的稳定,经济的不断发展,那种咏怀咏史
的刚劲质朴之作逐渐在贞观诗坛上消失,取而代之的则是一些具
有感时应景、歌功颂德、吟咏风月的宫廷化倾向之作,而这也与
南朝文化有着相当密切的关系。从本质上讲,这种宫廷诗的兴起,
实际上是沿袭了六朝宫体诗的创作风格。从诗歌题材上看无非是
"奉和"、"应诏"、"侍宴"、"赋得"等题,内容上看都是歌功
颂德,高唱太平。即使是咏物,也多是咏宫殿、池苑、歌舞等等,
都不能离得开台阁和宫廷。在这一宫廷诗盛行的阶段当中,统治
者们召集了一批御制诗人,这些宫廷诗人所创作出来的诗歌除了
文辞秀美之外实在是淡乎寡味,诗人们为了能把诗写得更富丽秀
美,博得赏识,专门去查检典故和秀词丽句,因此又诞生了一批
如《北堂书钞》《艺文类聚》《文馆词林》等专门收集骈词俪句

的大部头类书。

　　而在贞观的后期，介于贞观、龙朔之间，出现了一位极其重要的诗人上官仪，上官仪诗歌中的"绮错婉媚"成为宫中之人争相效仿、风靡一时的"上官体"。当时，除个别如王绩等诗人以外，几乎可以说是宫廷诗的天下。"上官体"对诗歌体制的创新主要表现在体物图貌的细腻、精巧方面，它以纯熟的技巧，冲淡了齐梁诗风的浮艳雕琢，但诗的题材内容上还局限于宫廷文学应制咏物范畴之内，缺乏慷慨激昂之气。宫廷诗的盛行是经济繁荣以后，统治者歌功颂德的需要，同样也是齐梁绮艳的文风的后遗症，从这一点更可以说明，初唐文坛文学创作风格仍然是在沿袭中不断发展的。

　　而与宫廷浮华诗风相对应的则是真正能够反映社会中下层一般士人精神风貌和创作追求的诗歌风格。这些诗人的诗歌创作，才真正代表了初唐时期诗歌开拓创新的面貌。而他们正是被称为"初唐四杰"的王勃、杨炯、卢照邻和骆宾王。"四杰"大都生于唐贞观年间，骆宾王是"四杰"中年纪最长，经历最为坎坷，诗歌创作题材、数量最多的一位诗人。他们四人的创作个性是不同的，所长各异，卢、骆擅长歌行体，而王、杨擅长五律。但他们都属于"年少而才高，官小而名大"的诗人。正因如此，他们在诗歌创作中怀着变革文风的自觉意识，开拓了一种新的审美追求：反对纤巧绮靡，提倡刚健骨气。杨炯在《王勃集·序》中说："尝以龙朔初载，文场变体，争构纤微，竞为雕刻。糅之金玉龙凤，乱之朱紫青黄，影带以徇其功，假对以称其美，骨气都尽，刚健不闻。思革其弊，用光志业。"强调作诗要有刚健骨气，针对当时"上官体"等宫廷诗浮华诗风进行批判，这正是初唐时期文学风尚出现创新流变的重要代表。

而在"四杰"稍后出现的以"文章四友"为代表的初唐文人，虽然在创作内容上与以前的宫廷诗人有所相似，但是在诗歌的格律和诗艺方面的研究上，则做出了巨大贡献。五律的定型是由宋之问和沈佺期最终完成，随后"文章四友"在中宗景龙年间又将七律诗体式也定型。对于诗歌格律的研究自建安以来，不少诗人都作出过努力，但其完善，却在初唐。

初唐文坛最大的成就，就是它将南北方文学进一步融合，在继承前朝风格特点的同时又开拓创新，诞生了一批如"初唐四杰"、"文章四友"这样的诗人，同时在律诗的创作上总结出了一套新的、成熟的诗歌理论。

2. 万古流传的文艺成就

（1）诗歌方面

大约是在徐敬业起兵的二十年后，中宗李显派郗云卿到民间搜集有关骆宾王遗文，最终编成《骆宾王文集》。郗云卿在《文集·序》中云："后中宗朝降敕搜访宾王诗笔，令云卿集焉。所载者，即当时之遗漏，凡十卷。"身为"初唐四杰"之一的骆宾王，一生创作了大量的诗文作品，但在当时大多也都是纸质流传，或直接口述。而朝廷下令搜集其作品又是在其失踪二十年后，因此，所剩的遗文也并不多见，所以郗云卿说"所载者，即当时之遗漏"。但不幸的是，原本就是"遗漏"的郗氏所辑十卷本也在历史的传承过程中逐渐散佚，到了明、清两朝，大家又重新辑佚骆宾王的诗文，出现了在当时流行的四卷本、六卷本和十卷本等。清人陈熙晋用了数十年之功辑成的《骆临海集笺注》最为完备，该书共收骆宾王诗 133 首、赋 3 章、文 36 篇。其现存作品基本收录在内，因此成了现在最通用的版本。下面我们就以《骆临海集笺注》为底本，对骆宾王的诗文作品进行简要的介绍。

《骆临海集笺注》中收录了从骆宾王七岁所作的《咏鹅》诗开始，一直到参加徐敬业起兵时所作的《在军登城楼》共 130 余首诗歌。在初唐诗坛中，其作品数量远远超过了"初唐四杰"的其他"三杰"，而且在艺术造诣上也比其他三位更胜一筹。这些诗歌记录了骆宾王一生所经历的坎坷历程，包括了应试的失意、云游的快感、仕途不顺的悲鸣、戍边的艰辛、在狱中的冤屈以及揭竿而起的英勇无畏等等。在不同的时期，骆宾王在诗歌中表现出了灵活多样的体裁和题材特征，同时也给予了诗人复杂的思想感情。

从创作的内容和题材角度来讲，骆宾王的诗歌中，数量最多的就是抒情诗，而这些抒情又包括赠答友人之作如《夏日游德州赠高四》《在江南赠宋五之问》《秋日饯尹大往京》《月夜有怀简诸同病》等，抒发离愁别思的作品如《北眺舂陵》《冬日野望》《望乡夕泛》等，抒发怀才不遇自叙生平之作如《畴昔篇》《咏怀古意上裴侍郎》等，更有抒发警策之意的"绝唱"之作《帝京篇》以及代他人之笔表露思妇悲苦的诗篇《代女道士王灵妃赠道士李荣》《艳情代郭氏答卢照邻》等。这类抒情诗几乎占到了骆宾王诗歌创作的二分之一，为什么他会有这么多的抒情诗呢？当我们再重新回顾他生平经历时就会发现，骆宾王的一生极为坎坷，在几次生命的转折点都遭遇不幸，而这些诗作正是他人生轨迹的记录。面对着应试的不公平，他要抒发不平之感，面对着与友人的告别，他要抒发离别之思，面对着一望无际的边陲大漠，他要抒发羁旅之思，面对着无辜受诬陷，他要证明自己的清白，于是这一次次的感慨，就化成了一篇篇杰出的抒情著作。

除了抒情诗歌创作之外，在骆宾王的诗歌创作中，边塞诗也占到了很大一部分。在骆宾王的人生历程当中，出征西域可以说是他经历最为丰富，感情最为复杂的阶段。在这一阶段中他经历了最初的激昂慷慨，以及战事失利的失望与悲愤，紧接着是不得返还的凄凉与寂寥，最后又是再战姚州的胜利之喜。而在这样复杂的情绪中，一篇篇佳作就这样诞生了，这些诗篇包括《从军行》《晚度天山有怀京邑》《边夜有怀》《久戍边城有怀京邑》《边庭落日》《在军中赠先还知己》等诗。在西征的这段时间里，骆宾王写下来的数十首边塞诗，将自己亲身经历边塞生活的点点滴滴，以及情绪上从激昂振奋到备感失望的起伏过程都一一记录下来，无论是从内容的深度、情感的真实以及表现形式的贴切等各方面都开启了唐代边塞诗的先河，对后代的边塞诗创作产生了深刻的影响。

在骆宾王的诗歌中另一类不可缺少的诗作则是景物诗。托物言志，是中国古代诗歌最常见的表现手法，而骆宾王则将这种手法运用到极致。在骆宾王被诬陷下狱之时，为了表明自己的清白，他作了《在狱咏蝉》。秋蝉是一个传统意象，它暗示着一种悲寂、孤鸣、高洁却也时常身陷重围。骆宾王不禁慨叹："西陆蝉声唱，南冠客思侵"，秋蝉惊扰到我，使我这个囚徒又不得不掀起压在心底的乡愁。秋蝉怎么可以这么残忍，高高在树上，冲着身陷牢狱的自己吟唱。而现在自己就是一只蝉，前面路上却露风多，飞行变得艰难，双翼开始沉重起来。而这声音也因风的劲急迅速变得低沉直至消散。可没有人相信我的这份高洁，又能向谁来表达我的真心呢？骆宾王在诗中写人与蝉的分与合，到最后的你中有我我中有你，以"比"来表达自己的情感与志向，可说完美。全诗借着秋蝉嘶鸣的洁身自好来表明自己的境遇，借以表明清白。除此之外，骆宾王的其他景物诗还包括写景的《出石门》《夏日游目聊作》《至分水戍》《陪润州薛司空丹徒桂明府游招隐寺》等，咏物的《咏水》《咏雪》等，以及咏物组诗等。透过这些骆宾王在游赏或者羁旅时所见到的景物，我们更可以感受到其中所孕育的惆怅与无奈之情。

其次，从骆宾王诗歌创作的体裁中，我们可以归纳出其诗歌创作的特色。首先从数量上来看，骆宾王最擅长的是长篇歌行体诗歌。最具代表性的就是《畴昔篇》《帝京篇》《从军行路难》等等。而五律共计53题70首，五排46首，虽然在创作数量上远远超过了歌行体，但是其质量和影响力却没有歌行体那么突出。而骆宾王现存七绝1首，五绝7首，相对较少。从这些诗篇中，我们可以概括出其诗歌创作的特点：

第一，气势壮大，结构宏伟，视野开阔。

在骆宾王的这些长篇歌行体中，我们可以看到这些作品都借鉴了赋的铺陈方式。在开篇便运用极其广阔的视角将读者的视野打开，所写的内容几乎无所不包，无所不容，同时又以极其激昂的气势，慷慨陈词，展现出盛大的气场。如《帝京篇》虽全面铺写了长安生活，但这是通过宫室车马的华丽和豪门儿女心理的细心刻划，在细节的描绘中展现出来。全诗描写了形形色色的人物，以长安城的繁华和诗人的寂寞形成篇幅悬殊的对比，结构之复杂远超过了前代歌行。骆宾王这篇《帝京篇》以雄放的气势，强烈的批判精神和深刻的社会意义寓于其中而被当时赞为"绝唱"。

第二，用典雅切，对仗工整。

对于骆宾王诗歌中的用典，历史上早有定评。明人胡应麟在《诗薮·内编》卷四中认为："宾王《幽絷书情》十八韵，精工俪密，极用事之妙，老杜多出此。如'地幽蚕室闭，门静雀罗开'、'自悯秦庭痛，谁怜楚奏哀'、'绝缣非易辨，疑璧果难裁'、'覆盆徒望日，蛰户未经雷'之类，皆前所未有。"认为日后杜甫用事的成功是从骆宾王创作中汲取的经验和滋养的。骆宾王组织典故入诗，用历史事件、人物寄托自己对现实的感慨，已成为他诗歌创作的特色之一，不但能贴切自然，毫无生搬硬套之感，又能灵活多变，随性而出，其最难能可贵的是能够句句用典而不重复。如在《帝京篇》中有一段这样描写："古来荣利若浮云，人生倚伏信难分。始见田窦相移夺，俄闻卫霍有功勋。未厌金陵气，先开石椁文。朱门无复张公子，灞亭谁畏李将军？"这其中句句都用事，有的是历史上一些著名的人如卫青、霍去病、李广等，有的一句连及数事，有的一句专用一事，有的明喻，有的暗指，足见其才华横溢。而在运用这些典故的同时，骆宾王又能够注意平仄声律，将其整肃工严地排列在一起，将对偶与用典有机结合，足见他对格律研究之深入，这和他擅长骈体文是分不开的。

第三，好用数字。

据唐人张鷟在《朝野金载》中云，唐初诗人"骆宾王文好以数对，如'秦地重关一百二，汉家离宫三十六'。时人号为'算博士'"。在骆宾王的诗歌中，确实有许多地方都运用到了数字，而且尤其喜欢将这些数字夹在对仗之中，比如："小堂绮帐三千户，大道青楼十二重"、"且论三万六千是，宁知四十九年非"、"五霸争驰千里马，三条竞骛七香车"、"一朝披短褐，六载奉长廊"、"五丁卓荦多奇力，四士英灵富文艺"、"三春边地风光少，五月泸中瘴疠多"等等，这也算是骆宾王诗歌创作中独特的风格之一。

骆宾王的诗承袭了前人的风格，却又表现出强烈鲜明的特色，在初唐宫廷诗风盛行的创作环境下，一改绮靡之风，以刚劲健硕的笔力，傲然于世，尽情发挥自身特色。革新方面，骆宾王对近体格律诗的探索从未停止，他将骈文的创作技巧运用于歌行体长诗之中，不失为呃风之始，其对于格律的探索，为整个诗律的进步提供了成功的范式和探索的道路。

（2）骈文方面

前面我们介绍了骆宾王诗歌创作上的卓越成就，但是在初唐文坛，王、杨、卢、骆在骈文创作方面都分别取得了比诗歌更辉煌的成就，他们之所以被称之为"四杰"，主要就是从他们骈文创作成就而论的。那么下面我们就来介绍一下骆宾王在骈文创作方面的成就。

骈文也称"骈体文"、"骈俪文"或"骈偶文"，因其常用四字、六字句，故也称"四六文"或"骈四俪六"，是与散文相对而言的，它是中国古代文学史上非常重要的一种文体。在东汉时期兴起，到了魏晋以后齐梁时期逐渐成熟起来，隋朝乃至初唐时期，创作骈文的风气依然很盛，初唐文坛，以"四杰"为代表的骈文创作更是脍炙人口。但经过时代的发展，到了中唐以后，韩愈、柳宗元兴起了一场"古文运动"，其口号则是要倡导古文，并且对骈文进行了改革，由此之后骈文逐渐衰落。宋朝的"四六"，明清的八股文，都是由骈文演变而来。骈文与诗、赋、散文、变文、传奇、戏曲都有着密切的关系。而骆宾王的骈文创作，则正处于初唐骈文发展的鼎盛时期。

在《骆临海集笺注》中，卷一至卷六诗赋并序中包括骈文13

篇，而卷六至卷十则共有 39 篇。依据内容、文体共可分为四类：

第一，书启类如《上吏部裴侍郎书》《与博昌父老书》《答员半千书》《与亲情书》《再与亲情书》《上司马太常伯启》《上李少长启》《上兖州刺史崔长史启》《上兖州张司马启》《上齐州张司马启》等。书类作品，写作目的主要就是"诉情"，而骆宾王的"诉请"对象则包括了在上位者、朋友、乡亲父老等。骆宾王在书类作品的写作手法上，表述直接，辞意恳切。刘勰在《文心雕龙·释书》中云："书者，舒也，舒布其言，陈之简牍，取象于夬，贵在明决而已。"也就是说，作书信只有将心中之言和盘托出，不加掩饰，直言不讳，条理通畅才能展现性格特质。因此骆宾王在写书类作品时，则以抒情为主，直言无讳，以充分表达内心的想法。而骆宾王的启类作品，则是其干谒人生的体现。在骆宾王现存的骈文中，共有 11 篇启文，横跨了骆宾王从入仕之前、齐鲁闲居后期、到京城奉职十年不调的作品。读其作品，就犹如在读他的人生，这期间的情绪、心态的转变，完整地表达了骆宾王干谒人生的生命历程，以及骆宾王对入仕的渴望与态度。在这类书启中，于形式上熟练地运用对偶与典故并融的结构，尤其是在辞藻上的雕琢及典故上的运用，反映出骆宾王的才华。

第二，序体文类如《夏日游德州赠高四序》《在狱咏蝉序》《初登王司马宴赋得同字序》《秋夜送阎五还润州序》《晦日楚国寺宴序》《于紫云观赠道士序》《秋日于益州李长史宅宴序》《秋日饯曲录事使西州序》《伤祝阿王明府序》等。序体文，其用途多集中在与人交游的使用上，带有与人沟通的文体性质。骆宾王诗前附序的特色，在于其所叙述之文字对于诗歌内容既有提示作用，又非为从属关系。这种诗前序，其内容情绪表达完整，因而可视为独立的作品，亦可和诗歌作品并列。而骆宾王的游宴序、饯别序、吊唁序等作品内容多为应酬或交际时所作，有的内容情意真挚，有的游宴序中写景部分展现出了骈文美文的特色，其辞藻华丽、时序鲜明，可视为小品的骈文创作。

第三，露布檄文类如《兵部奏姚州道破设蒙俭等露布》《兵部奏姚州道破逆贼诺设弄杨虔柳露布》《代徐敬业讨武氏檄》等。骆宾王露布檄文的作品是应用文性质非常强烈的作品，其为军事文书，亦可作为唐代军事史的资料。骆宾王露布檄文的作品，其内容形式虽为军事文书，却展示了极高的文学性及可读性。相较于骆宾王的其他文体作品，透过对战场交战状态的书写，展现了其骈文风格中刚健的一面，亦可见其在应用文书上的专长。作品内容中，露布所述姚州战事内容之精彩详实，体现出了骆宾王骈文的特色。骆宾王露布作品为其作品中篇幅最长的，其内容大半为对战事的细腻描写，展现官军将领在谋略上的智勇双全，以及士兵在战场上的骁勇善战。从文体源流来看，露布的创作，六朝已有杰出的作品，而文体性质上，由于为报捷之辞，风格明快，骆宾王在叙述时常用夸张及比喻的手法，展现对于军事用语的掌握，此亦为露布的文体特色。而关于檄文，《代徐敬业讨武氏檄》这篇作品大气磅礴，鞭辟入里，实为檄文之集大成者，我们此前在叙述骆宾王生平时已经进行具体分析，因此这里就不再赘述了。

第四，表策杂状类如《自叙状》《为齐州父老请陪封禅表》《对策文三道》《为李总管祭赵郎将文》《钓矶应诘文》等。表类作品《为齐州父老请陪封禅表》，写作缘由在前面我们已经讲过，是骆宾王受托为齐州父老请陪封禅所作。骆宾王于此篇作品中充分展现了初唐骈文宏博典丽的特色。《对策文三道》乃是骆宾王策文类的作品，是宾王在齐鲁闲居十年后，再度入仕获得举荐，从而入京应试之作。《钓矶应诘文》为骆宾王晚年的作品，当时因入狱后被赦，而非无罪释放，因此出狱后被贬为临海丞，至此骆宾王对多年官宦生涯已有透彻的领悟。《自叙状》为骆宾王于道王府府属时所写，宾王当时将此状呈上以自白，因此文气显得直接而有气势。作品的具体内容分析我们亦在前面生平经历中有所叙述，这里不再重复。

以上我们从内容角度对骆宾王的骈文进行了分类，并在具体类别中介绍了各类骈文的创作特色，总体来说，骆宾王在骈文创作中将他的才气发挥得淋漓尽致。不管是在文章结构的安排上，还是在句式上的灵活变化上，以及用典和排比的融会贯通中，骆宾王都能很好地把握住行文的脉络，为文章营造磅礴的气势，这使得骆宾王的骈文在初唐文坛，在"四杰"之中都成为佼佼者。

3. "初唐四杰"之影响

在初唐文坛中，骆宾王与王勃、杨炯、卢照邻等共同被称为"四杰"。提到骆宾王，我们就不得不提到这"初唐四杰"。在之前已经详细介绍过骆宾王的生平和艺术成就之后，我想我们有必要了解一下初唐社会背景下"四杰"的总体状况。

这四个人均成名很早，童年时期都受过"神童"的赞誉，又同样生活充满动荡，个个经历曲折，他们同样都是官小才大，在唐初社会中享誉声望，然而在这"四杰"当中，无论是年龄上还是创作性格上，都可以分为两类。从年龄角度讲，卢、骆二人年龄要高于王、杨，从创作角度讲，卢、骆擅长歌行，而王、杨工

于五律。杜甫在《戏为六绝句》第三首中写道，"纵使卢王操翰墨，劣于汉魏近《风》《骚》"，我们可以认为卢、骆创作带有《风》《骚》余响，王、杨虽不及汉魏，却也超过齐梁上接晋宋了。卢、骆用铺叙和用典的方式，改造宫体诗，大开大阖写就长篇歌行，以市井气息改变宫廷的浮靡，而王、杨将应制台阁推向了更广阔的空间，江山塞漠都可以写在严肃或低昂的诗歌里。尽管在四人内部有所细分，但客观上讲，人们之所以将此四个人并称为"四杰"，说明他们在初唐文坛必定是有共同之处。

　　首先"四杰"都是在时代的感召下，意气风发，在严肃中迸发激昂，抒写人生感慨，表现大唐气象。在诗歌的表现方面，他们所创作的诗歌内容丰富，无所拘泥，无论是边塞、壮志、友情、思乡，还是咏物写景，无不将自我置身于时代背景之下，注意抒发自己内心真情，使诗歌变得富有生气，活泼新鲜。"四杰"的文风迥异，骆宾王在传世的文学作品中各种体裁都有佳作，他的五律明白晓畅，气盛而意不足。卢照邻的《紫骝马》《战城南》等乐府诗，都是非常壮美的诗篇。王勃的诗歌感情细腻，不免有六朝习气，但诗歌格调清新，却时常失于柔弱。杨炯的一些诗篇擅长抒情，诗风刚健凝炼，这些诗含不尽之意，韵味无穷，已开始指向盛唐。关于"四杰"创作的风格，宇文所安在《初唐诗》中概括了这"四杰"的诗风。他认为王勃和卢照邻在诗中趋向于将宫廷风格朴素化，杨炯从未真正拥有自己的诗歌风格，而与他们不同的是，骆宾王选择走向另一极端，他的诗则倾心于曲折隐喻的修饰和频繁的用典。通过前面的分析，我们更是可以感受到骆宾王诗歌中所传达的或刚劲有力，或铺陈典丽的风格特征，这也恰恰是后人评价骆宾王的诗歌在数量和质量上都高于其他"三杰"的原因。

初唐四杰在诗歌发展史上起到了承前启后的作用，他们上承梁陈、下启沈宋，在诗坛上占有重要地位。他们扩大了诗歌的题材范围，充实了诗歌的思想内容，使诗歌由宫廷走向市井，由台阁移向江山和塞漠，以真实健康的内容，真挚爽朗的感情，冲击了宫廷诗歌的淫靡与颓废，在一定程度上开创了一代新风尚。初唐诗歌从他们这里开始走向一条光明而健康的道路。

"四杰"这一称号，其实放在文章方面则更显切合。闻一多先生在《唐诗杂论》中提到："王、杨、卢、骆是文章家，'四杰'这徽号如果不是专为评文而设的，至少它的主要意义是指他们的赋和四六文。谈诗而称'四杰'，虽是很早的诗，究竟只能算借用。"在这一段文字中，闻一多先生明确地为我们指出了关于"四杰"这个名号的指向。历来我们谈论"四杰"，似乎都注重于他们诗歌的创作与理论贡献，却很少注意到他们文的创作，而在初唐文坛，骈文的创作一直都处于一个非常重要的位置。我们看到骆宾王诗歌当中华丽炫彩又对仗工整的长篇诗句时，不得不联想到，这正是因为他功于骈文创作的结果。

按照闻一多先生的说法，我们先来看看"四杰"的赋。他们的赋作虽然不多，却也包含骚体赋、汉赋、文赋、律赋等，受到楚骚的影响，又极力摆脱六朝的柔靡浮艳。"四杰"的赋作一致地将个人的生活经历与创作结合在一起，赋作中那种积极入世，努力建功立业的热情，和在现实中怀才不遇的愤懑伴着一种达观的人生态度充满整篇文章当中。王勃赋特别以词藻的精美和风格的清新为人赞赏；骆宾王命途多舛，遭际坎坷，才情上更为旷达，作品有一种慷慨低昂的悲壮美。

　　"四杰"的诗、赋、文虽然都令人瞩目，但成就"四杰"之名的最重要一方面乃是四人的骈文创作。《全唐文》所录初唐作家文章中，"四杰"骈文作品明显多于他人。高步瀛《唐宋文举要》（乙编）所选骈文，"四杰"最多。近人章士钊甚至说："何况柳子厚并不如王杨卢骆，专以骈文著称，除骈文外，别无所能也。"这一说法虽有偏颇，却能从一侧面反映出"四杰"骈文创作之盛。于景祥在《中国骈文通史》中评论"四杰"的骈文特色为："虽然还没有彻底脱尽'六朝锦色'，典而不免于巧，时有华靡之态，但在气势和意境上，已由纤弱到博大；思想内容上已经由空虚到充实。"总的来说，"四杰"骈文的词采宏丽，气势刚健，纠正了柔靡的文风，还开辟出一片新鲜的阳刚之地。王勃的《滕王阁序》和骆宾王的《代徐敬业讨武氏檄》一向被誉为骈文史上的"双璧"，这些作品虽是骈文体制，却显得更加灵活，有了充沛的真情在文章里面游走，使得整个骈文生气十足，在格式之内，又似突破格式。"四杰"的骈文一定程度上改变了骈文程式化严重，文章内容严重贫瘠，沦为炫耀辞采的空壳的现状。

　　杜甫在《戏为六绝句》第二首中写道："王杨卢骆当时体，轻薄为文哂未休。尔曹身与名俱灭，不废江河万古流。"的确，"四杰"的诗文在当时已经独具一体，让长期沉浸在六朝脂粉的人们初读"四杰"之文如沐春风。但由于他们行为放诞，任侠纵气，被当时好多迂腐之徒嗤笑轻视。然而经过了历史长河的沉淀，当时那些嗤笑他们的人已经身名俱灭，在历史中烟消云散不留痕迹，然而作为被嗤笑对象的"四杰"，他们的诗文与声名却在这万古长河中汩汩流淌，而且在今后的岁月中，这涓流也永远不会干涸。

附录：骆宾王年谱

武德六年（623） 一岁

骆宾王，字观光。生于婺州义乌（婺州，今浙江省金华地区。义乌，秦时期称乌伤县，唐武德七年更名义乌，一直沿用至今）。

贞观三年（629） 七岁

作《咏鹅》诗，天才逸发，被誉为"神童"。

《新唐书》本传有言："七岁能赋诗。"《全唐诗》卷七十九《骆宾王三》收《咏鹅》，题下注云"七岁时作"。

贞观七年（632） 十岁

本年前后，骆宾王随父母离开义乌，北上寓居其父骆履元博昌（今山东省博兴县）任所。

至此时，骆宾王开始奉训趋庭、从师负笈的求学生涯，接受齐、鲁学风熏陶。

贞观十三年 （639） 十七岁

本年前后，骆宾王父卒于任上。

父亲死后，由于家寒贫困，经济拮据，无力归葬义乌，只得权葬博昌，后居瑕丘。宾王幼年丧父当在十岁以后，"弱冠"之前，姑系于此。

贞观十六年 （642） 二十岁

本年前后，骆宾王初次赴京洛应举。

临行前，投书兖州长史、瑕丘令求作拔解之作。《上瑕丘韦明府启》《上郭赞府启》《上兖州崔长史启》《上兖州张司马启》等均应作于赴试之前。本次应试没有考中，骆宾王游览京洛，然后返回故乡义乌省亲。

贞观二十三年 （649） 二十七岁

本年前后，骆宾王在京中出仕，初为道王李元庆府属。

《畴昔篇》云："六载奉长廊。"指的就是做了六年道王李元庆的府属。李元庆作《闲情诗》，骆宾王有和诗及启。

永徽二年 （651） 二十九岁

本年左右，骆宾王仍然为道王李元庆府属，至此已经三年。

《新唐书》本传载："（骆宾王）初为道王府属，尝使自言所能，宾王不答。"此时，李元庆对骆宾王才能赏识有加，特令其自叙所能，有心提拔，但骆宾王作《自叙状》，陈述缘由，表示不能炫耀其才能，反而羞于"自媒"，因此没有获得晋升。

永徽六年（655）　三十三岁

本年左右，骆宾王罢道王府属，从此时起至麟德二年（665）十余年间，闲居齐、鲁。

显庆五年（660）　三十八岁

闲居齐、鲁。约本年夏，骆宾王游德州。

有诗《夏日游德州赠高四并序》等。可知骆宾王游德州在罢道王府属、东游齐鲁之后数年中，姑系于此。

龙朔二年（662）　四十岁

闲居齐、鲁。本年春，代女道士王灵妃作诗寄道士李荣。

李荣约在上一年秋使蜀投龙壁，本年春，骆宾王有诗《代女道士王灵妃赠道士李荣》，当作于本年或稍后。

龙朔三年（663）　四十一岁

本年左右，骆宾王上书李安期，求引荐入仕。

李安期，时为司列少常伯，骆宾王有《上李少常伯启》。

麟德元年（664）　四十二岁

本年，骆宾王上书刘祥道，求引荐入仕。

有《上司列太常伯启》云："有道贱贫，耻作归田之赋。于是竭来瓮牖，利见金门，指帝乡而望云，赴长安而就日。"意渴望能在长安得到施展抱负建功立业的机会。

麟德二年（665）　四十三岁

本年左右，骆宾王有《答员半千书》。麟德元年，员半千上书自试，自诩试问天下第一，并有诗、书贻及骆宾王，宾王答书中否定其"欲图侥幸于权重之交"的做法。

本年，骆宾王在齐州，奉命作《为齐州父老请陪封禅表》。

乾封二年（667）　四十五岁

本年左右，骆宾王对策入选，授奉礼郎。

总章三年（670）　四十八岁

自本年开始，骆宾王从军西域，西行途中有诗作多首，为有唐一代边塞诗的先声。

本年春，骆宾王仍为奉礼郎，上书裴行俭，有诗《咏怀古意上裴侍郎》，当为求从军边塞而作。春末，即从军赴北庭，有诗《西行别东台详正学士》留别。七月，骆宾王西行出塞，途中有《从军行》《夕次蒲类津》《晚度天山有怀京邑》《军中行路难同辛常伯作》《边城落日》等诗。

咸亨二年（671）　四十九岁

至本年秋，骆宾王仍在西域军中。有诗作《在军中赠先还知己》《久戍边城有怀京邑》。

咸亨三年（672）　五十岁

骆宾王从军赴姚州，为军中书檄。

有《从军中行路难》等诗，及文《兵部奏姚州道破逆贼诺没弄杨虔柳露布》《兵部奏姚州破贼设蒙俭露布》《为李总管祭赵郎将文》等。

咸亨四年（673） 五十一岁

本年秋，骆宾王从巴蜀回到长安。

上元二年（675） 五十三岁

骆宾王，前往江南一带，有诗《在江南赠宋五之问》寄赠宋之问，后返回长安。

上元三年（676） 五十四岁

本年骆宾王为武功主簿。

有《乐大夫挽歌五首》。乐大夫，乐彦玮，上元三年卒。

本年，裴行俭为洮州总管，欲任骆宾王为掌书记，宾王以老母在堂，辞不赴任。《新唐书》本传中载：骆宾王"历武功主簿，裴行俭为洮州总管，表掌书奏，不应"。

本年末或明年，母殁，宾王应在青门外浐水滨家中服丧。

仪凤三年（678） 五十六岁

本年冬，骆宾王参选，任长安主簿，当时裴行俭向其索文，宾王作《帝京篇》，被誉为绝唱。

《旧唐书·骆宾王传》载："少善属文，尤妙于五言诗，尝作《帝京篇》，当时以为绝唱。"《上吏部侍郎帝京篇启》："昨引注日，垂索鄙文。"

仪凤四年（679）　五十七岁

本年春，骆宾王奉命出使齐地。途中经青州，作有《与博昌父老书》。有《蓬莱镇》《远使海曲春夜多怀》《海曲书情》《于易水送人一绝》等诗。

本年秋，骆宾王出使燕齐地归来，再次到兖州，有《在兖州饯宋五之问》《送宋五之问》《于紫云观赠道士》等诗赠宋之问。

本年冬，骆宾王擢升为侍御史，因屡次上书讽谏之言，遭诬陷栽赃获罪下狱。

郗云卿《骆宾王文集》原序言骆宾王"仕至侍御史。后以天后即位，频贡章书讽谏，因斯得罪，贬临海丞"。同时新、旧《唐书》本传对此也都有记载。骆宾王在侍御史的任上，被诬以长安主簿时的罪状，多有冤屈。有《宪台出縶寒夜有怀》等诗。

永隆元年（680）　五十八岁

至本年八月前，骆宾王仍在狱中。

骆宾王含冤入狱，在狱中为表明自己的清白，作《狱中书情通简知己》《在狱咏蝉》《萤火赋》等多首诗赋以明志。

八月，骆宾王遇赦获释，作《畴昔篇》叙述其生平。

永隆二年（681）　五十九岁

本年秋，骆宾王为临海丞。世称骆临海。

永淳元年（682）　六十岁

本年，骆宾王在临海丞任，作《与亲情书》予义乌的乡亲父老。

弘道元年（683）　六十一岁

本年秋，骆宾王罢临海丞。

文明元年（684）　六十二岁

本年骆宾王，上半年因事赴京，返回途中南下赴扬州与徐敬业等人密谋造反。

《旧唐书》本传载："徐敬业于扬州作乱，敬业军中书檄，皆宾王之词也。"徐敬业在扬州反叛，骆宾王为其起草了著名的《代徐敬业讨武氏檄》，一时天下传诵，武则天见之，赞其才华，惜其流落不偶。诗作《在军登城楼》乃此时于广陵军中作。

本年十一月，起义失败，徐敬业等人在逃亡过程中为部下所杀，骆宾王下落不明。有被诛、自杀、遁逃、出家等不同说法。此后事亦不详。